交通运输专业学位建设的实践与探索

刘建新　陆　建　吴娇蓉　编著

清华大学出版社

北　京

内 容 简 介

  本书旨在对工程领域专业学位调整和交通强国战略新背景下的交通运输专业学位建设进行研究,探讨交通运输专业学位建设中的目标定位、科学内涵、基本要求、知识体系、案例教学、能力达成、实践训练等主要内容,积极探索提高交通运输高层次工程应用型创新人才培养质量的方案与路径。本书内容主要涉及交通运输专业学位发展历程与改革方向、交通运输专业学位基本要求、交通运输专业学位知识体系、交通运输专业学位研究生核心课程指南、交通运输专业学位研究生课程案例库建设、交通运输专业学位能力要求以及交通运输专业学位研究生实践质量保障等方面的内容。

  本书可供从事交通运输专业学位研究生培养管理工作的人员以及研究生导师、研究生学习,同时可供交通运输专业学位研究生企业导师、校外实践基地从事研究生实践管理工作的人员以及其他工程专业学位研究生导师、从事培养管理工作的人员参考。

图书在版编目(CIP)数据

  交通运输专业学位建设的实践与探索/刘建新,陆建,吴娇蓉编著.—北京:清华大学出版社,2020.7

  ISBN 978-7-302-55662-6

  Ⅰ. ①交… Ⅱ. ①刘… ②陆… ③吴… Ⅲ. ①高等学校－交通运输学－专业设置－研究－中国 Ⅳ. ①U-4

  中国版本图书馆 CIP 数据核字(2020)第 098032 号

责任编辑:许 龙
封面设计:傅瑞学
责任校对:赵丽敏
责任印制:沈 露

出版发行:清华大学出版社
    网　　　址:http://www.tup.com.cn,http://www.wqbook.com
    地　　　址:北京清华大学学研大厦 A 座　　邮　　编:100084
    社 总 机:010-62770175　　　　　　　　邮　　购:010-62786544
    投稿与读者服务:010-62776969,c-service@tup.tsinghua.edu.cn
    质量反馈:010-62772015,zhiliang@tup.tsinghua.edu.cn
印 装 者:北京鑫海金澳胶印有限公司
经　　销:全国新华书店
开　　本:170mm×230mm　　印　张:12　　字　数:219 千字
版　　次:2020 年 7 月第 1 版　　　　印　次:2020 年 7 月第 1 次印刷
定　　价:55.00 元

产品编号:088764-01

前　　言

国家发展进入新时代,相继制定并实施了科教兴国战略、人才强国战略、创新驱动发展战略等国家战略。研究生教育成为服务国家转型发展、重大战略实施的重要推动力量。

交通运输具有基础性、先导性、服务性特征,是现代社会生产、生活的基本要素,是国民经济发展和人民生活水平提高的基本保障。随着我国交通基础设施的大规模建设、综合运输网络的不断完善、载运工具的更新换代、信息化技术的普及与集成,需要大批掌握交通运输领域基础理论和专业知识、胜任技术研发和工程实施与管理、具有良好创新能力的高层次应用型和工程研究型人才。

1997年,我国设立工程硕士专业学位,并设立了工程硕士交通运输工程领域。截至专业学位对应调整前,全国共有74所高校和科研院所拥有工程硕士交通运输工程领域授权点。20多年来,为国家培养了一大批交通运输工程领域的高层次优秀人才。

为了更好地服务于国家工程科技与产业发展需要,探索工程科技人才培养的新模式,积极推进人才培养与国家重大科技发展战略对接,与职业发展要求衔接,加强实践能力训练,探索有别于学术学位的工程科技人才培养新路径,2018年8月,经国务院学位委员会审批,决定统筹工程硕士和工程博士专业人才培养,将工程硕士有关领域对应调整为电子信息、机械、材料与化工、资源与环境、能源动力、土木水利、生物与医药、交通运输等8个专业学位类别。工程专业学位授权点对应调整后,共有15个培养单位拥有交通运输专业学位博士授权点、95个培养单位拥有交通运输专业学位硕士授权点。

党的十九大明确提出了建设交通强国的宏伟目标,2019年9月,党中央、国务院批准印发《交通强国建设纲要》,掀开了新时代我国交通运输系统建设的新篇章。人才是建设交通强国的首要资源,交通强国战略对交通运输人才的培养提出了新的、更高的要求。在新的历史发展时期,不断提升交通运输专业学位研究生培养质量、更好地满足交通强国建设需要,具有重要的战略意义。

回顾改革开放40多年的发展历程,我国工程研究生教育和交通运输高层次人才的培养质量不断提高、不断进步,历经了三个发展阶段。

第一阶段,工程型硕士。即在工科专业培养应用型研究生,目标是在培养学术型研究生的同时,服务国民经济建设,培养应用型人才,解决改革开放之初面临的经济要发展、企业要振兴,人才青黄不接、后继乏人的局面。交通运输高层次应用人才依托工学门类下的交通运输工程学科开展人才培养。这一阶段,人才培养的逻辑是学术范式,应用导向。

第二阶段,工程硕士专业学位。这是专门培养工程人才的研究生层次学位。同时,在工程硕士专业学位内设置若干工程领域,诸如交通运输工程领域、机械工程领域、电气工程领域等。工程硕士注重联合培养,加强研究生实践能力训练,强调实践基地建设。工程硕士专业学位形成了显著区别于工科学术型人才的培养特色。同时,各个工程领域目标明晰、特色鲜明、服务领域明确、自成体系,工程领域系统化、体系化的特征明显。工程硕士交通运输工程领域为国家培养了一大批高层次优秀人才。这一阶段,工程硕士人才培养的逻辑是学术范式和工程范式相结合。

第三阶段,工程专业学位。在工程硕士专业学位的基础上,遵循教育发展规律,服务社会发展,结合科技进步,依托行业、产业与科技、人才的深度融合,不断优化和进化,设置了 8 个专业学位,统称为工程类专业学位,并分设博士、硕士两个层次。这是高层次工程人才培养的中国特色和中国方案。同时,每一个专业学位各成体系,相对独立,堪称一个系统,交通运输专业学位便是如此。此时,专业学位人才培养的逻辑是系统范式。在此理念下,交通运输专业学位人才培养结合学术、工程、技术,综合人才、科技、产业,注重体系化、注重全链条、注重创新性。人才培养更关注知识、能力、素养等多方面的达成及综合能力和素质的养成等。

显然,工程专业学位的培养目标更为长远,着眼发展、着眼未来,特别是交通强国战略对交通运输专业学位研究生的知识与能力等诸方面均提出了更高的要求。在新的历史时期,交通运输专业学位的建设显得尤为重要,本书就是在这个背景下应运而生的。

本书共分 7 章,按顺序分别为:交通运输系统与交通运输专业学位,交通运输专业学位基本要求,交通运输专业学位知识体系,交通运输专业学位研究生核心课程指南,交通运输专业学位研究生课程案例库建设,交通运输专业学位能力要求,交通运输专业学位研究生实践质量保障与提升等。

交通运输专业学位旨在培养高层次工程应用型创新人才。本书针对我国不断增长的应用型、复合型高层次交通运输技术与工程管理人才培养的迫切需求,介绍了交通运输专业学位人才培养的基本模式和发展趋势。这对明确交通运输专业学位研究生培养的目标定位、把握交通运输专业学位的科学内涵、确定交通运输专业学位的主干方向以及培养特色具有重要意义。

结合工程专业学位对应调整,本书汇总了交通运输专业学位授权点的基本条件和交通运输专业学位的基本要求。这些可用于规范交通运输专业学位研究生培养单位进行研究生培养管理工作和指导交通运输专业学位建设工作。

在集思广益、深入探讨的基础上,本书明确了交通运输专业学位的内涵:交通运输专业学位包括轨道运输、公路运输、水路运输、航空运输和管道运输5种运输方式;涵盖每种运输方式中的政策制度、规划设计、施工建设、运行控制、运营管理等方面的内容;设有交通基础设施工程、交通运输规划与管理、交通信息与控制工程、载运工具运用工程、交通安全与环境、综合交通运输与物流技术工程等主要方向。交通运输专业学位涉及技术开发与应用、工程设计与实施、技术攻关与改造、工程规划与管理等内容;与电子信息、机械、材料、资源与环境、能源与动力、土木水利等专业学位、学科联系密切。

依据交通运输专业学位的内涵与交通运输专业学位研究生培养要求,根据新形势下我国交通运输技术、装备与产业发展的新要求,结合国际交通运输技术的发展趋势,本书探索构建了交通运输专业学位专业知识体系。知识体系呈三维三层空间结构,三个维度指交通运输专业学位内涵所明确的主要方式、主要方面、主要方向;三层指知识模块层、一级知识点层和二级知识点层。

交通运输专业学位专业知识体系按照由高到低、由粗到细、由整体到局部的思路编排。知识模块、一级知识点、二级知识点分别形成树干、树枝和树叶,三层结构共同构成交通运输专业学位专业知识的大树。本书将交通运输专业学位的知识体系共划分为11个知识模块、85个一级知识点、518个二级知识点。各培养单位可以根据自己的培养方向,差别化、个性化地选择知识模块、知识点,构建具有本单位特色的交通运输专业学位研究生的专业知识体系。

本书提出的交通运输专业学位知识体系遵循以下原则,具有以下特点:一是系统性,将来自不同方式、方面、方向的多个知识点合理组合、有机融合;二是体系性,系列知识点按照一定的专业逻辑进行有序梳理,力争结构完整;三是开放性,知识点的广度与深度兼顾,知识点内容可生长、可拓展、可取舍;四是模块化,知识点按照一定的规则进行模块化组织。培养单位可根据自身的优势与特色,选择若干模块、知识点进行选用、组合。

交通运输专业学位研究生核心课程指南是专业学位知识点课程化的具体体现,核心课程指南和专业学位知识体系的构建思路是相似的。它们的区别在于,专业学位知识体系注重整体性、系统性、层次性,核心课程指南则更有针对性、操作性。核心课程指南的作用在于指导性,各培养单位可依据核心课程指南结合各自的人才培养实际设置核心课程。本书对交通运输专业学位研究生核心课程指南进行介绍,方便培养单位构建体现自身优势与特色的交通运输专业学位研究生课程体系。

　　培养单位可通过核心课程的设置,在其他课程的配合下,构建形成具有特色的课程体系。同时,在课程教学中积极推进教学模式改革,根据专业学位的特点大力倡导案例教学。本书提供了交通运输专业学位研究生课程案例库建设的相关规范,助力加快推动课程教学改革、提升课堂教学效果,满足专业知识与工程技能并重的培养要求。

　　专业学位在研究生培养过程中应突出知识与能力两条主线,关注研究生在知识、能力、素养等多方面综合素质的养成。交通运输工程领域在教育部有关方面和工程专业学位研究生教育指导委员会(以下简称教指委)的领导和指导下,率先在硕士研究生层次开展了工程教育认证试点,探索了工程研究生教育认证的中国路径。结合人才培养和工程研究生教育认证实践,本书提出了交通运输专业学位研究生基本能力要求,探索了专业学位研究生的能力培养路径与能力达成认证方法,明确了能力与素质的培养要求。

　　强化专业学位研究生实践能力训练,培养解决实际工程问题的应用能力,是专业学位研究生培养的核心任务,直接关系到专业学位研究生培养质量。本书对交通运输专业学位研究生实践质量的保障与提升进行了研究,提出了交通运输专业学位研究生实践质量保障体系框架,研究构建了交通运输专业学位研究生实践质量管理模式,为提升专业学位研究生实践能力培养质量提供了参考。

　　多年来,交通运输工程领域工程研究生教育的发展,大批交通运输工程领域高层次工程优秀人才的培养,得益于方方面面的努力,得益于一大批专家学者的辛勤工作和无私奉献。本书是教育研究和教学实践的成果,也是教学工作、管理工作的提炼和总结,更是集思广益的结晶。刘建新教授担任全国工程硕士交通运输工程领域教育协助组组长,专业学位调整后,又担任了交通运输专业学位建设牵头人。在教育部学位与研究生教育管理有关部门的领导下,在全国工程专业学位研究生教指委的指导下,特别是在教指委秘书处的直接关心下,组织专家团队,制定交通运输专业学位硕士点和博士点院校申请基本条件;制定交通运输专业学位硕士学位基本要求和博士学位基本要求;组织完成《交通运输专业学位硕士研究生核心课程指南》编写;开展优质联合培养基地建设的相关研究;进行专业课程案例库建设工作;以交通运输领域为试点,组织开展研究生层次工程教育认证工作。这些重要的工作,为本书的撰写提供了鲜活的资料和素材。

　　本书由西南交通大学刘建新教授、东南大学陆建教授和同济大学吴娇蓉教授编著完成。感谢武汉理工大学范世东教授、中国民航大学祝世兴教授、同济大学凌建明教授、吉林大学刘寒冰教授、西北工业大学李铁虎教授、南京航空航天大学胡明华教授、北京交通大学朱晓宁教授、昆明理工大学熊坚教授、江苏大学江浩斌教授、南京林业大学马健霄教授、中南大学高广军教授、华南理工大学温惠英教授、中国石油大学(北京)侯磊教授、北京航空航天大学鲁光泉教授、上海海事大学韩浩教授、河海大学郑长江教授、重庆交通大学简晓春教授、桂林电子科技大学李文勇教授、河南农业大学徐广印教授、上海工程技术大学刘志刚教授、长安大学王建军教授、山东交通学院唐新德教授、兰州交通大学何瑞春教授、新疆农业大学艾力教授、深圳大学程涛教授、国家发改委综合运输研究所王东明研究员、中设设计集团股份有限公司范东涛研究员级高级工程师、南京市城市与交通规划设计研究院股份有限公司钱林波教授级高级工程师等专家在协作组工作和各专项工作中给予的大力支持与帮助。特别感谢全国工程专业学位研究生教育指导委员会秘书处的沈岩主任、岳华老师、卢宇奇老师和曾巧巧老师在本书编著过程中给予的关心与指导。

本书可供从事交通运输专业学位研究生培养管理工作的人员以及研究生导师、研究生参考,同时可供交通运输专业学位研究生企业导师、校外实践基地从事研究生实践管理工作的人员参考。此外,本书还可供其他工程专业学位的研究生导师和从事培养管理工作的人员参考。

由于作者水平有限,书中错误难免,恳请广大读者不吝赐教,批评指正。

编著者

2020 年 3 月

目　　录

第一章 交通运输系统与交通运输专业学位

　　交通运输具有基础性、先导性、服务性特征，是现代社会生产、生活的基本要素，是国民经济发展和人民生活水平提高的基本保障，交通运输系统的建设与发展，离不开高层次应用型和工程研究型人才的支撑。本章在介绍交通运输系统的基本特征与我国交通运输系统发展历程的基础上，重点介绍交通运输专业学位的发展现状与未来趋势。

第一节　交通运输系统

一、交通运输的涵义

　　"运输"这一词的应用十分广泛，通常是指"人和物的载运和输送"。运输是借助公共运输线路及其设施和运输工具来实现人与物的空间位移的一种经济活动和社会活动。"交通"这一词从广义来看，是指各种运输和邮电通信的总称，即人和物的转运和传送。随着科学技术的发展，形成了许多专门化的物质、信息传输系统，通常可以认为"交通"指的是"运输工具在运输线上的流动"。

　　从交通与运输这两个概念的叙述中可以看出，交通强调的是运输工具在运输线上的流动情况，而与运输工具上所载人员、货物的数量无关；运输则强调的是运输工具所承载人员和物质的多少、移动的距离，并不强调运输工具的数量和流动的过程。显然，交通与运输反映的是同一个事物的两个方面。运输以交通为前提，交通以运输为目的，两者既相互区别，又密切相关，统一在一个整体之中。为了完整表达词义，一般用交通运输这一广义名词总体描述运输工具以及人员、物资在运输线上的流动状况。

二、现代交通运输系统的基本内容与发展阶段

　　交通运输在整个社会机制中起着纽带作用，既是衔接生产和消费的一个重要环节，又是保证人们在政治、经济、文化、军事等方面联系交往的手段，在现代社会的各个方面起着十分重要的作用。国家各级政府交通管理部门的组织领导，以及社会相关部门和企业的共同协调和运作，是关系到国家交通运输系统能否高效率运行的关键所在。

现代交通运输是一个庞大而复杂的系统,系统内部由铁路运输、公路运输、水路运输、航空运输和管道运输这五种基本运输方式组成,客货运输从始发地到终点地的全过程通常要经过多种运输方式才能完成。交通运输系统涉及各种运输方式基础设施的规划、建设与保养,载运工具的制造、运行与保养,运输过程的规划、管理与安全保障等。

五种基本运输方式在载运工具、线路设备和运营方式等方面各不相同,并且各有其不同的技术经济特征,因而也各有其适用的范围。纵观现代交通运输的发展史,在各个不同时期,虽然有所侧重,但都是几种运输方式同时并存。从世界范围内交通运输发展的侧重点和主导的角度,可以将现代交通运输的发展划分为四个阶段:

第一阶段,水路运输发展阶段。水路运输是一种既古老又现代的运输方式。在出现铁路以前,水路运输同以人力、畜力为动力的陆上运输工具相比,无论运输能力、运输成本和方便程度等,都处于优势的地位,几乎不能被其他运输方式所取代。

第二阶段,铁路运输发展阶段。1825年,英国在斯托克顿至达灵顿修建了世界上第一条铁路并投入公共客货运输,这标志着铁路时代的开始。由于铁路能够快速、大容量地运输旅客和货物,因而极大地改变了陆上运输的面貌,为工农业发展提供了新的、强有力的交通运输方式,从此,工业布局摆脱了对水路运输的依赖,在内陆腹地加速了工农业、特别是工业的发展。

第三阶段,公路运输、航空运输快速发展阶段。20世纪30年代至50年代,公路、航空相继发展,与铁路运输进行了激烈的竞争。由于汽车工业的发展和公路网的扩大,航空运输在速度上的优势,不仅在长途旅客运输方面占有重要的地位,而且在货运方面也发展很快,这两种运输方式发挥的作用显著上升,铁路一枝独秀的局面开始改观,各种运输方式同时竞争成为本阶段的特征。

第四阶段,综合交通运输协调发展阶段。20世纪50年代后,人们开始认识到在交通运输的发展过程中,铁路、水运、公路、航空和管道这五种运输方式是相互协调、竞争和制约的,因此需要进行综合考虑,协调各种运输方式之间的关系,构成一个现代化的综合交通运输体系。综合发展的重点之一是,在整体上合理进行铁路、水运、公路、航空和管道运输之间的分工,发挥各种运输方式的优势。调整交通运输布局和提高交通运输的质量则成为综合发展阶段的主要趋势。

三、交通运输在国民经济中的地位和作用

交通运输的生产过程是以一定的生产关系联系起来的,具有劳动技能的人们使用劳动工具(如交通线路、车、船和飞机等载运工具及其他技术装备)和劳动

对象(货物和旅客)进行生产,并创造产品(客)货位移的生产过程。交通运输的产品是旅客和货物的位移,并以运输的旅客人数(客运量)或货物吨数(货运量)和人公里数(旅客周转量)或吨公里数(货物周转量)为计量单位。因此从国民经济的组成结构来看,现代交通运输已经组成了一个新的产业部门。

国民经济各部门,包括物质生产部门和非物质生产部门,统称为"产业"部门。为社会提供初级产品、满足人类最基本的食品需要的农业为第一产业;为社会提供加工产品和建筑物、满足人类更进一步生活需要的工业、采掘业、水电业、建筑业等为第二产业;为人类提供满足物质需要以外更高级需要的其他行业和部门为第三产业。由于第三产业包括的行业多、范围广,在我国,又将第三产业划分为流通部门和服务部门两大部分,并将交通运输列入第三产业的流通部门。

交通运输是一个特殊的产业部门,作为生产单位外部的运输,按其在社会再生产中的地位、运输生产过程和产品的属性,它和其他产业部门有很大区别。其主要特点如下:

(1) 运输生产是在流通过程中进行的,是为满足把产品从生产地运往下一个生产地或消费地的运输需要。因而,就整个社会生产过程来说,运输生产是流通领域内继续进行的生产过程。

(2) 运输生产过程不像工业、农业生产那样改变劳动对象的物理、化学性质和形态,而只改变运输对象(客、货)的空间位置,并不创造新的产品。对旅客来说,其产品直接被人们所消费;对货物运输来说,它把价值追加到被运输的货物上。所以,在满足社会运输需要的条件下,多余的运输产品和运输支出,对社会是一种浪费。

(3) 在运输生产过程中,劳动工具(运输工具)和劳动对象(客、货)是同时运动的,它创造的产品(客、货在空间上的位移)不具有物质实体,并在运输生产过程中同时被消费掉。因此,运输产品既不能储备,也不能调拨,只有在运输能力上保有后备,才能满足运输量的波动和特殊的运输需要。

(4) 人和物的运输过程往往要由几种运输方式共同完成,旅客旅行的起讫点、货物的始发地和终到地遍及全国各地。因此,必须有一个干支相连、互相衔接的交通运输网与之相适应。同时,运输生产的场所分布在有运输联系的广阔空间,而不像工农业生产那样可以在有限的地区范围内完成它们的生产过程。由此可见,如何保证运输生产的连续性,以及根据运输需要,按方向、按分工形成综合交通运输能力,具有重要意义。

(5) 各种运输方式虽然使用不同的技术装备,具有不同的技术经济性能,但生产的是同一的产品,它对社会具有同样的效用;而工农业生产部门工艺不同,其产品有很大差异,这是运输生产的又一特征。

运输的目的是实现旅客和货物在空间的位移需要,运输生产是社会再生产过程中的重要环节。交通运输的发展影响着社会生产、流通、分配和消费的各个环节,它对人民生活、政治和国防建设都有重要作用。

交通运输是社会生产的必要条件,而且它不是消极地、静止地为社会生产服务。运输网的展开,方便的运输条件,将有助于开发新的资源、发展落后地区的经济、扩大原料供应范围和产品销售市场,从而促进社会生产的发展。

运输费用在生产费用中占很大比重。在生产布局中,如何考虑运输因素,最大限度地节省运输成本,不断降低运输费用,是节省社会生产费用、提高社会劳动生产率的重要因素。

交通运输担负着社会产品和商品流通的任务,缩短流通时间,就可减少社会产品和商品在流通过程中的耗时。加快交通运输发展,建设一个发达的交通运输体系,不仅可以满足国民经济和人民生活的运输需要,也将促进生产发展和缩短流通时间,加速资金周转,最终将促进社会劳动生产率的提高。

交通运输是资源开发、经济发展的先锋。我国西部地区经济欠发达,一个重要原因是交通、流通不畅。因此,西部大开发首当其冲就是交通运输的大发展。由于西部地区特殊的自然环境和地理条件,公路运输在西部综合交通运输体系中占主导地位,所以实施西部大开发战略,交通基础设施的建设以公路为重点。铁路构建西部地区出海的主要通道,是连接东部和组成大陆桥的大动脉,故全国铁路建设投资亦以西部地区为重点。青藏铁路的建成通车必将带来西藏资源开发和经济繁荣的直接效果。其他如西气东输和从东欧引进石油的输油管道,将成为我国最大规模的管道运输工程。交通运输的发展,不但可以促进欠发达地区或边远地区的资源开发,而且可以优化资源配置,调整农牧业结构,推动农业现代化;可以改善投资环境,加速工业化进程;可以加快人流、物流、信息流,促进第三产业的发展和社会文明的进步。开发国土资源,交通是先行,这已为无数事实所证明。

交通运输在平时为经济建设服务,战时为军事服务。在战争中,它是联系前方和后方、调动军需物资的保证。因此,交通运输具有半军事性质,是国家战斗实力的重要组成部分。

交通运输是带动一系列相关产业的龙头产业。交通基础设施建设占国家基本建设投资的最大份额。另一个重要部门是机械制造业,制造和购置机车车辆、汽车、飞机、船舶等载运工具使制造业成为国家的支柱产业。随着交通运输需求的增长,这一支柱产业必将长盛不衰。交通运输及其相关产业的现代化为电子信息产业提供了广阔的市场,大大促进了信息产业的发展。交通运输的发展还直接促进了新世纪两大新兴支柱产业——旅游业和物流业的形成和发展。这两大产业直接依托于旅客运输和货物运输。

综上所述,交通运输的发展直接为国民经济和人民生活服务,交通运输在国民经济中具有极为重要的地位和作用。

四、各种运输方式的技术经济特征

现代交通运输由铁路、水运、公路、航空和管道五种运输方式组成。它们的产品(客、货在空间的位移)虽然是同一的,但其技术性能(速度、载重量、连续性、保证货物的完整和旅客的安全、舒适程度等)对地理环境的适应程度和经济指标(如能源和材料消耗、投资、运输费用、劳动生产率等)是不同的。

人们对交通运输的要求是安全、迅速、经济、便利。各种运输方式的技术经济特征可以从上述要求出发,多方面进行考察,首先是送达速度。技术速度决定了运载工具在途运行的时间,而送达速度除在途运行时间外,还包括途中的停留时间和始发、终到两端的作业时间。对旅客和收发货人而言,送达速度具有实际的意义。对于长途运输,铁路的送达速度一般高于水路运输和公路运输。但在短途运输方面,铁路的送达速度则低于公路运输。航空运输的技术速度虽然占有极大的优势,但必须将旅客往返机场的路程时间考虑在内,才有实际意义。

在评价某种运输方式的速度指标时,还应当从以下方面进行考虑。

(1)服务的速度范围。各种运输方式有各种适用的速度范围。旅客运输速度链将各种交通运输方式的最优速度范围(旅客运输速度)以链的形式连贯起来,通常认为公路运输的最优速度为 50～100km/h,铁路运输为 100～300km/h,航空运输则为 500～1000km/h,对"速度链"中的空白段(300～500km/h)设想以新型的交通工具填补(例如高速铁路、磁悬浮列车等)。

(2)投资效益。各种运输方式由于其技术设备的构成不同,不但投资总额大小各异,而且投资期限和初期投资的金额也有相当大的差别。例如,铁路技术设备(线路、机车车辆、车站等)需要投入大量的人力物力,投资额大且工期长。相对而言,水上运输利用天然航道进行,其设备的投资远低于铁路,投资主要集中在船舶、码头等基础设施。比较各种运输方式的投资水平,还需要考虑运输密度和载运工具利用率等因素。

(3)运输成本。一般来说,水运及管道运输成本最低,其次为铁路和公路运输,航空运输成本最高。但是各种运输方式的成本水平是受到各种因素影响的,例如,与运量无关的固定费用如果在运输成本中所占的比重较大,则成本水平受运输密度的影响也较大。在这方面,铁路运输最为显著。又如,运输距离对运输成本也有很大的影响。这是因为两端作业成本(始发和终到)的比重随着运输距离的增加而下降,通常对水运的影响最大,铁路次之,公路最小。再如,载运工具的载重对运输成本亦有相当的影响,载重量较大的运输工具一般来说其运输成本较低。水运在运输成本方面居于有利的地位。

此外,还应从能源消耗、运输能力、运输的经常性和机动性等方面考察各种运输方式的特性。例如,从能源的角度来看,铁路运输由于可以采用电力牵引,在这方面占有优势。从运输能力的角度来看,水运和铁路都处于优势的地位。从运输的经常性角度来看,铁路运输受季节和气候影响最小;而就运输的机动性而言,则公路运输最优。

五种运输方式的主要技术特征见表 1-1。

表 1-1　五种运输方式的主要技术特征

运输方式		速　　　度	最大运输能力	通用性	机动性
铁路		普速客车 80～160km/h 货车 80～100km/h 动车组 160～200km/h 高速铁路 300～350km/h	单线 1800 万吨/年、双线 5500 万吨/年	较好	较差
水运	海运	海船 30～50km/h	航线能力不受限制	较好	差
	河运	20～40km/h	船闸单线 2000 万吨/年、双线 4000 万吨/年	较好	差
公路		客车 80～120km/h 货车 60～100km/h		较好	好
航空		波音 747 900km/h A320—200 850km/h	波音 747-400 型 416 个座位 A320—200 180 个客座	较差	较好
管道			管径 762mm 输油 2000 万吨/年 管径 564mm 输油 1000 万吨/年	差	较差

铁路作为陆上运输方式,成本和能耗都是比较低的。从技术性能看,铁路运行速度高,高铁客车速度可达 300～350km/h,货车可达 100km/h;运输能力大,目前我国单线铁路单方向最大运输能力达到 1800 万吨/年以上,双线可达 5500 万吨/年,受自然条件的影响较小,连续性较强,又可适应各种运输需要。铁路的缺点是投资大,建设周期长。

水运的经济指标在各种运输方式中是比较均衡,并且它的运输工具主要航行在自然水道上,水上航道的通过能力限制较少,特别是海上航道的通过能力几乎不受限制;单位运量大,海船的最大载重量已经超过 50 万吨,内河运输一个顶推船队也可达几万吨;运费低,劳动生产率高,运距长,可到达全世界任何一个港口。水运的缺点是受自然条件限制较大,连续性较差,速度慢。

公路运输的经济指标虽然略低,但是它的投资少、机动灵活,可以减少中转环节,实现"门到门"的运输,货物送达速度较快,并可以深入到工矿企业、广大农村和边远地区,这是其他运输方式所不能比拟的。

航空运输具有速度快、在两点间运输距离短、基本建设周期较短、投资较少、灵活性大、可跨越各种天然障碍等特点,在长途和国际旅客运输中占有特殊的地位。民航运输的主要问题是机舱容积和载重量都比较小,成本高,运价也比地面运输高,而且在一定程度上受气候条件的限制,从而影响运输的准时性与经常性。

管道运输目前已经成为世界各国陆上油、气运输的主要运输方式。管道在油、气运输中具有投资少、成本低、劳动生产率高等一系列优点,是油、气运输的主要方式。

铁路、水运、公路、航空和管道五种现代运输方式,各有不同的技术经济性能和使用范围。随着科学技术的进步,社会运输需要的变化,各种运输方式的技术装备不断更新,其技术经济性能和使用范围也在不断变化。充分发挥各种运输方式的优势,可以最大限度地节省运输建设投资和运输费用。同时,旅客的始发地和终到地,货物的生产地和消费地遍布全国,客、货运输的全过程往往要由多种运输方式共同完成。这就要求从货物的生产地到消费地,从旅客的始发地至终到地,按运输生产过程内在规律的要求建设运输线路,在一个地区和全国范围内需要形成各种运输方式相衔接、协调配合的综合交通运输网。在不同国家,由于自然地理条件、政治历史背景、工业化的进程与经济结构不同,形成了各种运输方式地位不同、运量比重不一、技术装备水平与构成各具特点的不同运输结构类型和运输网络。

五、交通运输的发展趋势

从国际交通运输发展趋势来看,在采用新技术实现现代化方面,各种运输方式虽有不同特点,但却存在共同的方向,那就是提高速度,加大载重,走向智能化和节能环保。

1. 提高速度

提高运行速度是交通运输发展过程中的永恒主题。一部交通运输发展史就是运输速度不断提高的历史。任何一种载运工具都在特定的介质中运行。随着技术的进步,克服介质阻力而不断提高前进速度。但是,提高速度是要付出代价的,如果同提高速度带来的效益相比没有明显的优势,则这种提速不具备生命力。以水运为例,水的阻力比大气的阻力高得多,故提速受到很大限制,一般在90km/h以下,进一步提速只能减少或脱离与水的接触,如小水面或水面飞机。

同样,地面交通也受稠密大气层空气阻力的限制。列车、汽车等地面载运工具的前进速度超过 300km/h 时,80％以上的阻力来自周围的空气。加大牵引动力去获得更高速度在技术上总是可能的,但是否经济,则需全面考虑。这就是超高速磁悬浮列车至今仍停留在试验阶段,不能成为一种商用运输方式的原因。航空同水运的情况一样,欲获取速度,就必须减少或脱离与空气介质的接触,如超声速飞机(11000m 高空空气密度只有地表的 1/5 左右)或宇宙飞船(没有空气)。从这一观点出发,可将各种运输方式的经济提速空间列于表 1-2。

表 1-2　各种运输方式的经济提速空间

运输方式	所处介质的特点	运输方式	经济提速空间/(km/h)
水运	水的密度为 1000kg/m³	河运	快速水翼船 50～80
	水中速度难以超过 90km/h	海运	水面效应飞机 300～400
陆运	地表稠密大气密度为 1.2kg/m³,速度超过 400km/h 后,90％运行阻力来自空气	铁路	提速铁路 160～200
			高速铁路 200～400
		公路	高速公路 120～140
			最高速度 180～200
空运	11000m 高空空气密度只有地表的 1/5 左右	航空	超高空飞行 1000～2000

从技术角度看,各种运输方式提高速度的方法有共同特点。首先,加大牵引力获得足够大的驱动力,才能克服周围介质的阻力,跑得快;同时,可靠的制动技术才能保证停得住。其次,载运工具动力特性优良,自重轻,阻力小,运行平稳,才能确保安全。另外,在运输基础设施方面也应尽量平直,减少对载运工具的激扰。高速公路、高速铁路、高速水运或高速飞机都可从这些方面看到它们与一般运输之间的差别。

2. 加大载重

如果说客运最关注速度的话,货运首要关注的就是载重。货运载重化和客运高速化共同构成现代交通运输的主体。

以铁路为例,通常一列货物列车的重量为 3000t 左右,如果提高到 6000t/列,则运输效率将提高一倍。现代重载列车技术可使载重提高到 10000～25000t/列,最高纪录达到 75000t/列。开一列重载列车相当于开十余列普通列车,可见采用新技术能带来巨大效益。

其他运输方式的货物运输同样有此发展趋势。船舶大型化十分明显。特大散货船的吨位已达 40 余万 t,液货船的最大吨位达到 50 多万 t,最大的集装箱船能装载 1.9 万标准箱(TEU)。载重汽车已由几吨提高到几十吨甚至几百吨。

载重超过 300t 的货运飞机已投入使用。国际上正研制能载重 1000～2000t 的热气球,以解决特大货物在特困地区的运送问题。

重载货运是综合运用一系列高新技术的结果。超强材料和结构的采用,超常功率的牵引和制动,大宗货物的集散和管理等,都是各种运输方式实现重载化时所面临的共同问题。

3. 智能化

走向信息社会的 21 世纪,交通运输现代化的必由之路是信息化,全面采用由计算机技术、通信技术和测控技术组成的信息技术,信息化的高级阶段就是智能化。智能交通系统是当前发展的重点方向。

公路运输智能化起步较早。如高速公路和城市道路的智能交通控制系统,城市交通流诱导系统,车辆定位及导航系统,车辆安全系统,收费管理系统等,都正在不断研发和应用推广。铁路在开发列车自动驾驶系统、调度管理信息系统、运输信息管理系统等基础上,有待统一集成,发展现代智能铁路系统。水路运输智能化包括船舶智能化、岸上支持系统智能化和水上运输系统智能化。航空运输系统智能化,即新航空系统,包括通信导航及监视和空中交通自动化管理。

交通运输智能化内涵十分丰富,是信息技术应用的广阔天地。

4. 节能环保

在环境"持续性"危机中,交通运输的影响很大。汽车尾气、粉尘污染是大气污染的主要原因之一;油船漏泄和垃圾排放等造成重大水污染;公路、铁路施工中的不合理取土和填方;飞机、汽车、火车等噪声污染;电气化铁路和通信线路的电磁干扰等,都说明建设生态洁净型的现代交通运输系统非常重要。

汽车运输环保化在国际上是最受关注的问题。最彻底的办法是采用电动汽车,但由于蓄电池材料问题尚未解决,离大规模商业化运用还需时日。采用清洁燃料作为动力,是进展很快的一个发展方向,技术上已经取得突破,但成本过高,尚待研究解决。目前,比较现实的措施有两个:一是采用洁净化燃料,即不含硫的新型汽油类燃料,如煤化汽油、甲醇、天然气、液态氢气等;二是采用混合驱动,减小发动机,增加电机驱动,实现怠速关机和回收部分制动能量。现在已经有这种型号的混合驱动汽车投放市场。

铁路电气化是成熟的环保运输技术。高速铁路是生态最洁净的现代交通。城市轨道交通能减少汽车用量,不仅可以缓解日益严重的交通堵塞问题,而且是城市交通走向洁净化的重要途径。

高速化、重载化、智能化和节能环保是交通运输发展的共同趋势。各种运输方式在解决这些问题上的技术路线和经济路线往往大同小异,可以互相借鉴,但在具体实施上又各有特点。

第二节　我国交通运输行业发展

交通运输是国民经济重要的基础性、先导性、服务性行业,是社会生产、生活组织体系中不可缺少、不可替代的重要环节,是国民经济发展和人民生活水平提高的基本保障。

1978 年,全国铁路里程仅 5.2 万 km,公路通车里程仅 89 万 km,主要港口仅有生产泊位 735 个,民用机场仅有 78 个,运输能力严重不足、运输效率与服务品质低,与世界先进水平差距很大。改革开放后,国家把交通运输放在优先发展的位置,积极扭转交通运输不适应经济社会发展的被动局面,交通运输步入了快速发展阶段。

改革开放 40 多年来,伴随我国改革开放的历史进程,特别是社会主义市场经济体制改革的深入推进,我国交通运输行业历经放宽搞活、加快发展、科学发展和高质量发展四个阶段,这是不断解放思想、不断改革的过程,更是不断创新的过程,我国的交通运输事业从行业变成产业,变成交通强国的国家战略,走出了一条中国特色的市场化、综合化、一体化、现代化的改革和发展道路。

一、加大政策扶植力度,解放交通运输生产力(1978—1991 年)

1978 年,党的十一届三中全会重新确立了"解放思想、实事求是"的思想路线,把工作重心转移到经济建设上来,提出了改革开放的战略决策,开始了建设中国特色社会主义的新探索。这一时期,我国经济体制改革领域的总体指导思想主要包括:"权力下放",精简各级经济行政机构,使地方和企业有更多的经营管理自主权;在公有制基础上实施有计划的商品经济,计划的重点转到中期和长期任务上。

面对社会经济快速发展带来激增的客货运输需求,我国政府把交通运输放在优先发展的位置,加大政策扶持力度,在放开交通运输市场、建立社会化融资机制方面进行开创性探索,积极扭转交通运输不适应经济社会发展的被动局面。在交通运输行业改革方面,以"放权让利、放宽搞活"为主要指导思想,重点集中在"所有权与经营权的适度分离",体现在以下两个方面。

一是转变政府职能,改革交通管理体制,全面推行企业承包经营责任制。铁道部先后于 1979 年和 1986 年实施经济责任制试点和经济承包责任制,尝试理顺国家、铁道部、铁路局的财务关系,铁道部将计划、财务、劳资、物资、人事等方

面的权力下放至铁路局,强化激励约束;1985 年,邮政行业成立中国速递服务
公司;1987 年,公路水路行业启动和推进国有运输企业经营机制改革,全面推
行企业承包经营责任制;1988 年,绝大部分港口改为"双重领导,以地方为主"
的管理体制。此外,交通部建立健全了五级交通行政管理机构,交通行政主管部
门开始从对企业的直接管理向行业管理转变。

二是引入市场机制,放宽搞活运输市场,初步形成运输市场的竞争机制。
20 世纪 80 年代初,交通部提出"有河大家行船、有路大家走车"的方针,以及"各
部门、各地区、各行业一起干;国营、集体、个体一起上"的措施,吸引社会资本进
入道路和水路运输领域;港口率先对外开放,海运业最早实现"走出去";1980 年,
民用航空正式脱离军队建制,中国民航局从隶属于空军改为国务院直属,实行企
业化管理,民航走上了企业化发展道路,航空运输市场开始形成。

在建设和运营市场放开的同时,交通基础设施建设投融资政策实现重大突
破,逐步形成了"国家投资、地方筹资、社会融资、引进外资"的多元化交通投融资
格局,加大了交通运输建设投资力度,吸引了大量社会资本参与基础设施建设。
在机制、体制改革的促进与激励作用下,全国的交通运输基础设施建设进入了快
速发展阶段。但在这一阶段,由于我国社会经济各领域都处于改革开放之初的
探索性实践阶段,加之交通运输基础设施历史欠账太多以及发展思路受传统观
念禁锢较深等原因,交通基础设施建设发展速度仍较为缓慢。1979—1991 年的
12 年间,我国铁路的营业里程(包括地方铁路)只增加了 6000km,总里程规模仅
达到 5.8 万 km,其中复线比例仅占 1/4;公路总里程增加不足 16 万 km,总里
程仅为 104 万 km;民航机场仅有 98 个等。交通运输对国民经济发展的瓶颈制
约仍然十分突出。

交通运输社会需求与服务能力之间的巨大矛盾,对高层次人才培养提出了
迫切的需求。国内如西南交通大学、南京工学院(现东南大学)、同济大学、北方
交通大学(现北京交通大学)、西安公路学院(现长安大学)、北京工业大学等一批
高校,在这一时期扩大了交通基础设施、交通运输组织、交通运行管控等专业方
向的人才培养规模,新增了交通工程专业,开拓了综合运输系统规划等方向,并
陆续恢复、新增相关专业的工程型研究生培养,为国家输送了一批急需的专业技
术人才。

二、强化行业改革开放,初步建立竞争市场体系(1992—2002 年)

1992 年年初,邓小平同志的"南方谈话"彻底打破了市场经济"姓社姓资"的
意识形态樊篱,为大幅推进市场化改革铺平了道路。同年,党的十四大提出了建
立社会主义市场经济体制的改革目标。次年,党的十四届三中全会提出了建立

市场经济制度的总体规划和若干方面的改革方案设计,标志着改革开放进入一个"整体改革和重点突破相结合"的进行市场制度建设的新阶段。这一时期,我国经济体制改革领域的总体指导思想主要包括:要使市场在国家宏观调控下对资源配置起基础性作用,建立健全以间接调控为主的宏观经济管理体系,加速要素价格市场化;进一步转换国有企业经营机制,建立产权清晰、权责明确、政企分开、管理科学的现代企业制度;建立以公有制为主体、多种所有制经济共同发展的基本经济制度。具体到交通运输行业改革,其指导思想以"价格松绑、政企分开"为特点,重点集中在"转换国有企业经营机制",体现在以下两个方面。

一是放开部分运价,增强市场调节功能,建立和完善市场经济运行机制。1992年,交通部规定市场调节运输物资的港口装卸费,季节性旅客运输和旅游运输实行国家或地方规定的浮动价格,市场调节运输物资的运费实行市场调节价格,国家规定的运输基本价格随国家物价指数和汇率的变化每年相应调整。这一规定大幅增强了交通运输价格的市场调节功能。

二是实施政企分开,转换企业经营机制,促进所有权和经营结构合理化。1993—2000年,铁道部先后开展铁路局公司制改造试点、铁路分局公司制改造试点、全路推行资产经营责任制、局部试点模拟"网运分离"等改革措施;1998年,交通部与直属企业全面脱钩,2000年,研究提出从战略上调整交通行业国有企业布局,实现"有进有退、抓大放小";2002年,民航总局不再代理各大民航集团国有资产所有者职能,政企彻底分开,同时,奥凯航空、春秋航空、吉祥航空等一大批民营航空公司开始筹建,并以各具特色的方式加入市场,成为我国民航业一股全新的生力军。

在社会主义市场经济体制改革的巨大推动力作用下,各种运输方式发展取得突破性进展。从中央到地方形成广泛的共识,十分重视交通运输基础设施的建设和发展,通过体制及政策上的倾斜和支持,出现了中央、地方、企业积极投资以及大力引用外资和其他资金的良好局面。加之1998年为应对亚洲金融危机,国家将交通运输基础设施建设作为拉动内需的重要抓手,我国交通运输固定资产投资持续快速增长。截至2002年,通过开展铁路建设大会战,铁路总里程达到7.2万km,复线率达到三分之一,1997年起铁路进行了连续六次大提速;公路总里程达到177万km,其中高速公路里程达到2.5万km;民用航空通航机场141个(不含香港和澳门,下同),完成旅客吞吐量1.7亿人次,运输量常年保持着两位数增长;水运大宗散货、集装箱等货物运输需求持续扩大,远洋航运与内河航运运输量连年攀升;管道运输里程迅速增加,全国输油(气)管道里程达到3万km;一大批港站主枢纽实现了规划建设。分工协作、合理衔接的综合交通运输系统初具规模,对社会经济发展的支持与保障作用显著提升,改革初期交通运输能力紧张的局面得到明显缓解。

在交通运输基础设施建设和发展的大背景下,国内高校在培养工程型研究生的同时,开始培养交通运输领域工程硕士,逐渐形成了区别于工科学术型人才的培养特色。同时,服务于综合交通运输的政策研究、系统规划、设施建设、运营组织、运行控制、安全保障、运输工具以及物流技术等方向的人才培养全面开展,智能交通开始受到关注,交通运输领域人才培养的系统化、体系化的特征逐渐清晰,交通运输领域高层次人才匮乏的局面得到明显缓解。

三、加快统筹协调发展,构建综合交通运输体系(2003—2012 年)

2003 年,党的十六届三中全会提出了完善社会主义市场经济体制的主要任务,明确了公有制可以有多种有效实现形式,强调从单纯的经济发展转向以人为本、全面、均衡的科学发展观,同时大力推进政府行政管理改革,标志着改革开放进入完善社会主义市场经济体制的阶段。这一时期,我国经济体制改革领域的总体指导思想主要包括:坚持以人为本,树立全面、协调、可持续的发展观,促进经济社会和人的全面发展;放宽垄断行业市场准入,加快要素价格市场化,发展现代流通方式;具体到交通运输行业改革,其指导思想以"减少壁垒、统筹协调"为特点,体现在以下两个方面。

一是坚持科学发展,以人为本,统筹兼顾,促进全面、协调、可持续发展。2003 年,交通部把发展农村公路交通,服务社会主义新农村建设,作为交通工作的重中之重,开展了新中国成立以来最大规模的农村公路建设;交通行业发展由主要依靠基础设施投资建设拉动向建设、养护、管理和运输服务协调拉动转变,由主要依靠增加物质资源消耗向科技进步、行业创新、从业人员素质提高和资源节约环境友好转变,由主要依靠单一运输方式的发展向综合交通运输体系发展转变;2008 年组建交通运输部,交通运输大部门体制改革迈出实质性步伐。

二是放宽市场准入,深化垄断行业改革,增强多种所有制经济发展活力。2003 年,铁道部实施"主辅分离",铁路工业、建筑、工程、物资、通信等五大集团公司与铁道部完全脱钩,医院、学校纳入社会服务体系;2004 年,铁道部着手对内部优质资产进行股份制改造,准备上市;2005 年,铁道部宣布,建设、运输、装备制造、多元化经营四大领域向社会资本开放;2006 年,邮政政企分开,邮政向信息流、资金流和物流"三流合一"的现代邮政业方向发展。

在统筹协调、构建综合交通运输体系的指导思想下,全国交通运输系统的建设与发展进入了新的发展阶段。交通基础设施在规模扩张的同时,有了质的飞跃。交通运输主管部门更加重视中长期规划的编制工作,以"科学、合理、协调、可持续"的新理念,全面审视并综合权衡社会经济、资源环境、国防安全、交通运输之间的关系及其自身的发展需要,先后制订了《中长期铁路网规划》《国家高速公路网规划》《全国沿海港口布局规划》《全国内河航道与港口布局规划》《综合交通网中长期规划》《全国民用机场布局规划》等一系列高层次性、高指导性的交通运输基础设施综合规划和专项规划,对于科学整合交通运输要素资源,合理调控交通运输基础设施空间布局,有效安排交通运输基础设施建设时序,推进交通运输基础设施健康快速发展具有重要的指导意义。

交通运输的系统性、综合性特征越来越明显,需要行业、产业与科技、人才的深度融合,交通运输工程领域专业学位人才培养结合学术、工程、技术,综合人才、科技、产业,注重体系化、注重全链条、注重创新,对加强科技研发队伍建设、全面提高交通科技发展能力、推动交通运输基础设施的建设和发展,发挥着不可替代的作用。

四、交通运输提质增效,迈向高质量发展的交通强国(2013—2019 年)

2013 年,党的十八届三中全会通过了《中共中央关于全面深化改革若干重大问题的决定》,明确了全面深化改革的五大体制改革要点,改革进入攻坚期和深水区。2018 年,党的十九届三中全会通过了《中共中央关于深化党和国家机构改革的决定》和《深化党和国家机构改革方案》,做出了着眼实现全面深化改革总目标的重大制度安排。这一时期,我国经济体制改革领域的总体指导思想主要包括:处理好政府和市场的关系,使市场在资源配置中起决定性作用和更好地发挥政府作用;坚持和完善基本经济制度,加快完善现代市场体系、宏观调控体系、开放型经济体系,加快转变经济发展方式,加快建设创新型国家,推动经济更有效率、更加公平、更可持续发展;围绕推动高质量发展,建设现代化经济体系,调整优化政府机构职能,合理配置宏观管理部门职能,深入推进简政放权。具体到交通运输行业改革,其指导思想以"简政放权,提质增效"为特点,体现在以下两个方面。

一是大幅简政放权,加强事中事后监管,推进交通行业治理能力现代化。2013 年,铁路实现政企分开,交通运输大部门体制改革基本落实到位,形成了由交通运输部携国家铁路局、中国民用航空局、国家邮政局统筹管理铁路、公路、水路、民航和邮政的交通运输大部门管理体制架构;自 2013 年至 2017 年 9 月,交通运输部先后分 9 批取消和下放了 38 项行政审批事项,占总审批事项的 55%,同时将取消和下放行政审批项目与加强事中事后监管的措施同步研究和推进,在法治的轨道上及时完善和创新交通运输事中事后监管机制,加强法治政府部门建设;交通行业积极推行市场准入负面清单制度,鼓励和引导社会资本参与交通运输投资运营,大力推广政府和社会资本合作模式。

二是聚焦提质增效,供给侧结构性改革,提升交通行业强国战略支撑力。2013年,国铁系统实施以"全面改善铁路货运服务"为目的,以"改革受理方式、改革运输组织、清理规范收费、提供全程服务"为主要内容的货运组织改革;2016年,国家发展改革委和交通运输部提出,将全面提升综合交通网络整体效率和服务水平作为交通建设和发展的重点,加快推进交通供给侧结构性改革,积极开拓新领域,培育发展新动能,扩大消费新需求,在完善交通基础设施网络的同时,围绕综合枢纽衔接、城际交通建设、推广联程联运、发展智能交通、提升快递服务、支撑服务消费、绿色安全发展等7个方面,实施28类重大工程,推动交通提质增效提升供给服务能力。

2017年,党的"十九大"报告在"贯彻新发展理念,建设现代化经济体系"章关于"加快建设创新型国家"中,关于通过科技创新对强国支撑的有关内容明确提出了"交通强国",既体现了实现交通强国的必要条件,也蕴含了建设交通强国的发展目标,在振奋人心的同时也引发了人们对"交通强国"内涵及其实践的深入思考,推动了交通运输专业学位研究生培养工作在国家"交通强国"发展需求下开启新时代的发展征程。

五、全面建成人民满意、保障有力、世界前列的交通强国(2019年起)

2019年9月,中共中央、国务院印发了《交通强国建设纲要》(以下简称《纲要》)。《纲要》中明确要求,坚持以人民为中心的发展思想,牢牢把握交通"先行官"定位,适度超前,进一步解放思想、开拓进取,推动交通发展由追求速度规模向更加注重质量效益转变,由各种交通方式相对独立发展向更加注重一体化融合发展转变,由依靠传统要素驱动向更加注重创新驱动转变,构建安全、便捷、高效、绿色、经济的现代化综合交通体系,打造一流设施、一流技术、一流管理、一流服务,建成人民满意、保障有力、世界前列的交通强国,为全面建成社会主义现代化强国、实现中华民族伟大复兴中国梦提供坚强支撑。

从2021年到21世纪中叶,分两个阶段推进交通强国建设。到2035年,基本建成交通强国。现代化综合交通体系基本形成,人民满意度明显提高,支撑国家现代化建设能力显著增强;拥有发达的快速网、完善的干线网、广泛的基础网,城乡区域交通协调发展达到新高度;基本形成"全国123出行交通圈"(都市区1小时通勤、城市群2小时通达、全国主要城市3小时覆盖)和"全球123快货物流圈"(国内1天送达、周边国家2天送达、全球主要城市3天送达),旅客联程运输便捷顺畅,货物多式联运高效经济;智能、平安、绿色、共享交通发展水平明显提高,城市交通拥堵基本缓解,无障碍出行服务体系基本完善;交通科技创新体系基本建成,交通关键装备先进安全,人才队伍精良,市场环境优良;基本实现交通治理体系和治理能力现代化;交通国际竞争力和影响力显著提升。到21世纪中叶,全面建成人民满意、保障有力、世界前列的交通强国。基础设施规模质量、技术装备、科技创新能力、智能化与绿色化水平位居世界前列,交通安全水平、治理能力、文明程度、国际竞争力及影响力达到国际先进水平,全面服务和保障社会主义现代化强国建设,人民享有美好交通服务。

《纲要》中明确了基础设施布局完善、立体互联;交通装备先进适用、完备可控;运输服务便捷舒适、经济高效;科技创新富有活力、智慧引领;安全保障完善可靠、反应快速;绿色发展节约集约、低碳环保;开放合作面向全球、互利共赢;人才队伍精良专业、创新奉献;完善治理体系,提升治理能力等九大重点任务。这些重点任务,覆盖五大运输方式、贯通交通运输的主要方面、包含构成交通运输系统的主要方向,具有鲜明的行业、产业特征,为今后交通运输专业学位建设指明了方向、提出了目标、明确了任务。

人才是建设交通强国的首要资源,交通强国战略对交通运输人才的培养提出了明确要求:

1. 培育高水平交通科技人才

坚持"高精尖缺"导向,培养一批具有国际水平的战略科技人才、科技领军人才、青年科技人才和创新团队,培养交通一线创新人才,支持各领域各学科人才进入交通相关产业行业。推进交通高端智库建设,完善专家工作体系。

2. 打造素质优良的交通劳动者大军

弘扬劳模精神和工匠精神,造就一支素质优良的知识型、技能型、创新型劳动者大军。大力培养支撑中国制造、中国创造的交通技术技能人才队伍,构建适应交通发展需要的现代职业教育体系。

3. 建设高素质专业化交通干部队伍

落实建设高素质专业化干部队伍要求,打造一支忠诚、干净、有担当的高素质干部队伍。注重专业能力培养,增强干部队伍适应现代综合交通运输发展要求的能力,加强优秀年轻干部队伍建设,加强国际交通组织人才培养。

建设交通强国,是以习近平同志为核心的党中央做出的重大战略决策,也是新时代做好交通运输工作的总抓手。在交通强国战略指引下,培养一流的交通运输精英人才,为交通强国建设做好人才队伍储备,是新时期交通运输专业建设的根本任务。

第三节　交通运输专业学位发展历程

一、工程领域专业学位设置

　　改革开放之初,经济要发展,企业要振兴。企业所面临的人才青黄不接、后继乏人的局面需要迅速改变。工程研究生教育主要表现为培养工程型硕士,即在工科专业培养应用型研究生,其目标是在培养学术型研究生的同时,服务国民经济建设,培养应用型人才;人才培养的逻辑是学术理念,应用导向。据当时调查,工科研究生约占研究生总规模的45%,而80%以上的工科研究生却到了院校和科研机构从事教学科研工作。工业企业对人才呈现出需求迫切、重心上移和规格多样化的特点,客观上要求工科研究生教育和学位制度进行相应的改革。

　　1984年,清华大学、西安交通大学、上海交通大学、华中工学院(现华中科技大学)、天津大学、浙江大学、北京航空学院(现北京航空航天大学)、北京钢铁学院(现北京科技大学)、华东水利学院(现河海大学)、武汉水利电力学院(现并入武汉大学)、西北工业大学等11所院校向教育部提交了《培养工程类型硕士生的建议》(以下简称《建议》)。《建议》提出:"经济要起飞,人才是关键,如不加速改变这一状况,必将极大地阻碍国民经济的迅速发展。"同年,教育部研究生司在转发《建议》时明确指出:"各院校可根据实际情况自定名称。可以将这一类型的硕士生称为工学硕士(工程类型)学位研究生,也可以称为工程硕士学位研究生(简称工程硕士生)。"进入20世纪90年代以后,科技、教育和经济结合日益紧密,科教兴国和可持续发展战略逐步实施,核心关键技术、自主知识产权、科技研发创新亟待提高,工程科技队伍结构不合理的问题进一步凸显。据当时调查,1991—1996年间,我国所培养的工学硕士就业进入企业的仅占18.6%,平均每年仅为2000多人;一批具有本科学历的企业技术骨干亟待学习和提高,为适应我国经济建设和社会发展对高层次专门人才的需要,改变工科学位类型比较单一的局限,完善具有中国特色的学位制度,在历经13年探索的基础上,1997年,设置了工程硕士专业学位。世纪之交,我国加快了经济社会发展、产业结构调整和企业自主创新的步伐,高层次、应用型专门人才的需求更加迫切,2002年起,开始了工程博士专业学位设置研究工作。为适应创新型国家建设需要,完善我国工程技术人才培养体系,2011年,设置了工程博士专业学位。中国高等工程教育体系进一步完善。

　　进入21世纪,经济全球化与科技的迅猛发展正在深度改变人类的生产生活方式,各行各业对专门人才提出了更新更高的要求,为谁培养工程专业学位,培养什么样的工程专业学位,怎么培养工程专业学位是必须通过结构调整、模式重建等方式加以回答的重大问题。行业企业对人才已不仅仅停留在在职人员攻读研究生这一需求层面,需要院校大规模、持续性地向行业企业培养和输送创新型、复合型、应用型人才。2009年启动全日制硕士专业学位研究生培养工作,专业学位综合改革相继启动,实践基地、联合培养、课程建设、教育认证、类别调整等工作不断深入推进。

工程硕士专业学位是专门培养工程人才的学位,在工程硕士专业学位内设置若干工程领域,诸如交通运输工程领域、机械工程领域、电气工程领域等。注重联合培养,加强研究生实践能力训练,强调实践基地建设。工程硕士专业学位逐步形成了显著区别于工科学术型人才的培养特色。同时,各个工程领域目标明晰、特色鲜明、服务领域明确,自成体系,工程领域系统化的特征明显,人才培养的逻辑是学术研究理念和工程应用理念相结合。

二、交通运输专业学位设置

随着我国交通基础设施的大规模建设、综合交通运输网络的不断完善、新型载运工具的出现与应用、信息化技术的普及与集成,急需培养掌握交通运输领域基础理论和专业知识、胜任工程技术研发与管理工作、具有良好创新能力的高层次应用型和工程研究型人才。1997年,我国开始设置工程硕士专业学位(代码0852),设立了交通运输工程领域,早期的交通运输专业学位培养非全日制在职工程硕士。2009年,根据人才培养的需要,增加了全日制交通运输专业硕士学位(代码085222)。

工程硕士交通运输工程领域专业学位的研究方向主要涉及:

- 交通基础设施工程:面向轨道、道路、港口、航道、车站、机场等交通基础设施,主要涉及交通基础设施的勘测设计、结构设计及建造与养护技术,交通基础设施质量监控、检测与健康评定、交通设施灾害防治与安全等基础理论与工程技术。
- 交通运输规划与管理:面向综合交通运输系统的发展政策、规划设计、运行管理,主要涉及交通运输系统的发展战略、宏观决策、规划设计、资源配置以及交通工程设计、运输组织与优化、交通运营管理与控制、交通运输经济、交通运输系统仿真等基础理论与工程技术。
- 载运工具运用工程:面向载运工具运用过程中的运行品质、安全可靠与监测维修,主要涉及载运工具安全性、可靠性、维修性、舒适性及运输适应性等运行品质原理及设计、评估方法,载运工具状态监测、故障诊断与维修保障等基础理论与工程技术。

- 交通信息与控制工程：面向交通运输系统的自动化、信息化和智能化，主要涉及交通信息采集、传输与处理技术，交通系统建模、仿真、性能分析与评估技术，交通监测、诱导、控制以及交通物联网与智能车路协同等基础理论与工程技术。
- 运输安全与环境工程：面向运输过程的安全保障和污染控制，主要涉及运输安全分析与评价、安全隐患排查、安全监控与检测、安全风险辨识与防控等基础理论与工程技术，运输过程污染排放控制以及环境管理等基础理论与工程技术。

截至 2018 年 6 月，全国共有 74 所高校和科研院所拥有工程硕士交通运输工程领域硕士学位授权点（见表 1-3）。其中，25 所高校和科研院所（占 33.8%）拥有交通运输工程一级学科博士学位授权点，24 所高校和科研院所（占 32.4%）拥有交通运输工程一级学科硕士学位授权点。大部分交通运输专业学位授权点单位，也承担着交通运输工程一级学科授权点的建设任务。

表 1-3　工程硕士交通运输工程领域专业硕士学位授权点（代码 085222）名单

序号	单 位 名 称	所在省、自治区、直辖市	备　注
1	北方工业大学	北京	
2	北华大学	吉林	
3	北京工业大学	北京	拥有交通运输工程一级学科博士点
4	北京航空航天大学	北京	拥有交通运输工程一级学科博士点
5	北京交通大学	北京	拥有交通运输工程一级学科博士点
6	北京理工大学	北京	
7	长安大学	陕西	拥有交通运输工程一级学科博士点
8	长沙理工大学	湖南	拥有交通运输工程一级学科博士点
9	重庆交通大学	重庆	拥有交通运输工程一级学科博士点
10	大连海事大学	辽宁	拥有交通运输工程一级学科博士点
11	大连交通大学	辽宁	拥有交通运输工程一级学科硕士点
12	大连理工大学	辽宁	拥有交通运输工程一级学科硕士点
13	东北林业大学	黑龙江	拥有交通运输工程一级学科博士点
14	东南大学	江苏	拥有交通运输工程一级学科博士点
15	福建农林大学	福建	拥有交通运输工程一级学科硕士点
16	福州大学	福建	
17	桂林电子科技大学	广西	拥有交通运输工程一级学科硕士点
18	国防科技大学	湖南	

序号	单 位 名 称	所在省、自治区、直辖市	备　　注
19	哈尔滨工程大学	黑龙江	
20	哈尔滨工业大学	黑龙江	拥有交通运输工程一级学科博士点
21	合肥工业大学	安徽	拥有交通运输工程一级学科硕士点
22	河北工业大学	天津	拥有交通运输工程一级学科硕士点
23	河海大学	江苏	拥有交通运输工程一级学科硕士点
24	河南农业大学	河南	
25	华东交通大学	江西	拥有交通运输工程一级学科博士点
26	华南理工大学	广东	拥有交通运输工程一级学科博士点
27	华中科技大学	湖北	
28	吉林大学	吉林	拥有交通运输工程一级学科博士点
29	吉林建筑大学	吉林	
30	集美大学	福建	拥有交通运输工程一级学科硕士点
31	江苏大学	江苏	拥有交通运输工程一级学科博士点
32	军事交通学院	天津	
33	昆明理工大学	云南	拥有交通运输工程一级学科博士点
34	兰州交通大学	甘肃	拥有交通运输工程一级学科博士点
35	辽宁工业大学	辽宁	拥有交通运输工程一级学科硕士点
36	南京工业大学	江苏	
37	南京航空航天大学	江苏	拥有交通运输工程一级学科博士点
38	南京理工大学	江苏	拥有交通运输工程一级学科硕士点
39	南京林业大学	江苏	拥有交通运输工程一级学科硕士点
40	青岛理工大学	山东	拥有交通运输工程一级学科硕士点
41	清华大学	北京	拥有交通运输工程一级学科硕士点
42	山东建筑大学	山东	拥有交通运输工程一级学科硕士点
43	山东交通学院	山东	
44	山东科技大学	山东	
45	山东理工大学	山东	拥有交通运输工程一级学科硕士点
46	上海工程技术大学	上海	拥有交通运输工程一级学科硕士点
47	上海海事大学	上海	拥有交通运输工程一级学科博士点
48	上海交通大学	上海	拥有交通运输工程一级学科硕士点
49	上海理工大学	上海	拥有交通运输工程一级学科硕士点
50	深圳大学	广东	
51	沈阳建筑大学	辽宁	拥有交通运输工程一级学科硕士点
52	石家庄铁道大学	河北	拥有交通运输工程一级学科博士点
53	太原科技大学	山西	

序号	单 位 名 称	所在省、自治区、直辖市	备　　注
54	同济大学	上海	拥有交通运输工程一级学科博士点
55	武汉科技大学	湖北	
56	武汉理工大学	湖北	拥有交通运输工程一级学科博士点
57	武警后勤学院	天津	
58	西安建筑科技大学	陕西	拥有交通运输工程一级学科硕士点
59	西北工业大学	陕西	拥有交通运输工程一级学科博士点
60	西南交通大学	四川	拥有交通运输工程一级学科博士点
61	西南林业大学	云南	
62	湘潭大学	湖南	
63	新疆农业大学	新疆	拥有交通运输工程一级学科硕士点
64	浙江大学	浙江	
65	浙江海洋学院	浙江	
66	郑州大学	河南	
67	中国矿业大学	江苏	
68	中国民航大学	天津	拥有交通运输工程一级学科硕士点
69	中国民用航空飞行学院	四川	拥有交通运输工程一级学科硕士点
70	中国农业大学	北京	
71	中国人民解放军理工大学	江苏	
72	中国铁道科学研究院	北京	拥有交通运输工程一级学科博士点
73	中南大学	湖南	拥有交通运输工程一级学科博士点
74	中山大学	广东	拥有交通运输工程一级学科硕士点

　　我国交通运输专业学位设置以来,明确提出了交通运输专业硕士应掌握本领域扎实的基础理论、系统的专业知识及基本技能,应具备较强的获取知识能力、应用知识能力和组织协调能力,体现出教学、科研、实践一体化的特点。这种培养模式使交通运输专业学位教育能够与企业、行业的生产、工程实际之间建立更加直接、紧密的联系,进而满足当今社会、经济对交通运输人才培养的各种复杂需求,使得学生教育、培养与社会、经济发展的联系日趋密切,20多年来为国家培养了一大批交通运输工程领域的高层次优秀人才。

三、交通运输专业学位人才培养模式

　　交通运输工程领域专业学位研究生培养坚持全面贯彻党的教育方针,紧密结合我国经济社会和科技发展,面向行业企业工程实际需求,突出"思想政治正确、社会责任合格、理论方法扎实、技术应用过硬"的培养特色。

《工程硕士专业学位设置方案》明确，工程硕士专业学位是与工程领域任职资格相联系的专业性学位，它与工学硕士学位处于同一层次，但类型不同，各有侧重。其培养目标是培养应用型、复合型高层次工程技术和工程管理人才。

在工程硕士专业学位基本要求方面，2005 年，启动了《工程硕士专业学位标准》研究制定工作。2012 年，交通运输工程领域《工程硕士专业学位标准》正式发布。2015 年，教育部出版包括 40 个工程领域《工程硕士专业学位基本要求》(《工程硕士专业学位标准》)在内的《专业学位类别(领域)博士、硕士学位基本要求》。《工程硕士专业学位基本要求》从领域内涵、服务对象、产业发展、培养定位、学位应具备的基本素质、基本知识、基本能力等方面提出了明确的基本要求。

交通运输工程领域工程硕士专业学位设置至今 20 多年的历程可分为两个阶段：1997 年始，面向在职攻读工程硕士专业学位研究生采取"进校不离岗"的方式，学生边工作边学习，以理论"充电"为主，基本环节为课程学习、学位论文研究工作。2009 年至今，面向全日制工程硕士专业学位研究生采取课程学习、实践教学和学位论文相结合的培养方式，并强调课程学习是工程类硕士专业学位研究生掌握基础理论和专业知识、构建知识结构的主要途径；专业实践是工程类硕士专业学位研究生获得实践经验、提高实践能力的重要环节；学位论文研究是工程类硕士专业学位研究生综合运用所学基础理论和专业知识，在一定实践经验基础上，掌握对工程实际问题研究能力的重要手段。校企联合培养是提高工程类硕士专业学位研究生培养质量的有效方式，校企双导师制是保证工程类硕士专业学位研究生培养质量的重要保障。

在课程建设方面，工程硕士专业学位强调"厚基础理论、重实际应用、博前沿知识"的课程设置理念。在实践训练方面，2009 年，针对全日制工程硕士研究生的培养，采用课程学习、实践教学和学位论文相结合的培养方式，强调实践教学是全日制工程硕士研究生培养中的重要环节，鼓励工程硕士研究生到企业实习，可采用集中实践与分段实践相结合的方式。工程硕士研究生在学期间，必须保证不少于半年的实践教学，应届本科毕业生的实践教学时间原则上不少于 1 年。

在专业学位论文要求方面，1997 年始，针对在职攻读工程硕士专业学位研究生，要求学位论文选题应直接来源于生产实际或者具有明确的生产背景和应用价值，可以是一个完整的工程项目策划、工程设计项目或技术改造项目，可以是技术攻关研究专题，可以是新工艺、新设备、新材料、新产品的研制与开发。论文选题应有一定的技术难度、先进性和工作量，能体现作者综合运用科学理论、方法和技术手段解决工程实际问题的能力。论文形式可以是工程设计或研究论文。学位论文的评审应着重审核作者综合运用科学理论、方法和技术手段解决工程实际问题的能力；审核学位论文工作的技术难度和工作量；审核其解决工程实际问题的新思想、新方法和新进展；审核其新工艺、新技术和新设计的先进性和实用性；审核其创造的经济效益和社会效益。2011年，针对工程硕士学位论文形式比较单一，不利于引导工程硕士面向工程实际问题开展研究的问题，工程硕士专业学位试行了产品研发、工程设计、应用研究、工程/项目管理、调研报告等不同形式学位论文基本要求及评价指标。

在专业学位质量保证措施方面，2005年，以"以评促建，自评为主，兼有领域互评和教指委抽评，促进各院校自主、自律与他律相结合办学"为指导思想，工程硕士专业学位培养质量评估工作全面展开。2015年以后，在国务院学位委员会、教育部的统一部署下，工程硕士专业学位启动了合格评估、专项评估、抽查评估工作。在评估培养质量的同时，工程硕士专业学位积极联合行业协会，探索与职业资格相联系的教育认证工作。2010年，交通运输工程领域进行了工程硕士专业学位在高级设备监理方向的教育认证工作；2017年，交通运输工程领域启动了工程硕士专业学位教育认证试点工作。

因此，交通运输专业学位人才培养是系统理念。交通运输专业学位人才培养结合学术、工程、技术，综合人才、科技、产业，注重体系化、全链条、创新性。人才培养关注知识、能力、素养等多方面的达成及综合能力和素质的养成等。交通运输专业学位体系化、系统化的特征适应了社会、经济、产业和行业的发展现实和需求，并与产业和行业相互促进，共同进步。

四、交通运输专业学位与相关行业发展的人才需求

工程专业学位面向我国第一、二、三产业和国家科技重大专项，培养和输送了一大批研究生，以2014—2017年授予工程专业学位人数为例，与重点领域相关的工程专业学位授予学位人数共计50多万人，但我国制造业十大重点领域高层次工程科技人才严重缺乏的局面仍未得到根本好转。以教育部、人力资源社会保障部、工业和信息化部2017年印发的《制造业人才发展规划指南》为例，到2025年，制造业十大重点领域人才的需求总量将达6000多万人，人才缺口将达2985余万人。具体情况详见表1-4。

在制造业十大重点领域中，航空航天、高技术船舶、先进轨道交通装备、节能与新能源汽车等重点领域都是交通运输专业学位培养的重要方向，新一代信息技术产业、新材料等重点领域也是交通运输专业学位培养涉及的主要方向。交通运输专业学位人才培养一直面临着巨大的社会需求。

表 1-4　制造业十大重点领域人才需求预测与相关工程专业学位授予学位人数对照表

万人

序号	十大重点领域	2015 年 人才总量	2014—2017 年 重点领域相关工程专业学位授予学位人数	2020 年		2025 年	
				人才总量预测	人才缺口预测	人才总量预测	人才缺口预测
1	新一代信息技术产业	1050	23.3	1800	750	2000	950
2	高档数控机床和机器人	450	7.3	750	300	900	450
3	航空航天装备	49.1	0.4	68.9	19.8	96.6	47.5
4	海洋工程装备及高技术船舶	102.2	0.2	118.6	16.4	128.8	26.6
5	先进轨道交通装备	32.4	1.1	38.4	6	43	10.6
6	节能与新能源汽车	17	7.2	85	68	120	103
7	电力装备	822	3.3	1233	411	1731	909
8	农机装备	28.3	0.2	45.2	16.9	72.3	44
9	新材料	600	6.1	900	300	1000	400
10	生物医药及高性能医疗器械	55	1.5	80	25	100	45
	合计	3206	50.6	5119.1	1913.1	6191.7	2985.7

注：根据"教育部、人力资源社会保障部、工业和信息化部关于印发《制造业人才发展规划指南》的通知（2017年）"，补充2014—2017年与重点领域相关的工程专业学位授予学位人数。

五、工程专业学位对应调整

根据国务院学位委员会第三十四次会议精神和《国务院学位委员会、教育部关于对工程专业学位类别进行调整的通知》（学位〔2018〕7号）要求，为贯彻落实党的十九大精神，实现高等教育内涵式发展，加快建设创新型国家，更好服务国家工程科技与产业发展需要，经国务院学位委员会第三十四次会议审批，决定统筹工程硕士和工程博士专业人才培养，将工程专业学位类别调整为电子信息（代码0854）、机械（代码0855）、材料与化工（代码0856）、资源与环境（代码0857）、能源动力（代码0858）、土木水利（代码0859）、生物与医药（代码0860）、交通运输（代码0861）8个专业学位类别。

2018年8月，国务院学位委员会办公室正式启动了对已有工程硕士、博士专业学位授权点的对应调整工作。明确要求，工程硕士专业学位授权点对应调整要以保证质量为前提，以一对一、多对一的方式对应调整为相应的专业学位类别硕士学位授权点；对存在多个对应关系的工程硕士专业学位授权点，可根据自身主要办学方向和特色,选择一个专业学位类别进行对应调整。工程博士专业学位授权点对应调整必须保证质量、坚持标准,可根据本单位学科水平和人才培养实际情况对应调整为一个或多个专业学位类别博士学位授权点;申请对应调整的专业学位类别博士学位授权点,必须达到相应类别的申请基本条件。

在经过学位授予单位提出对应调整申请、各省级学位委员会(军队学位委员会)核查、国务院学位委员会办公室核查、全国工程专业学位研究生教育指导委员会评议等程序后,2019 年 5 月,国务院学位委员会正式下达了工程硕士、博士专业学位授权点对应调整名单(学位〔2019〕5 号)。专业学位对应调整后,交通运输专业学位类别共有 15 个培养单位设有交通运输博士专业学位授权点(表 1-5)、95 个培养单位设有交通运输硕士专业学位授权点(表 1-6)。

表 1-5　交通运输博士专业学位授权点

序号	学位授予单位	序号	学位授予单位
1	北京航空航天大学	9	中南大学
2	哈尔滨工业大学	10	重庆大学
3	同济大学	11	电子科技大学
4	上海交通大学	12	西北工业大学
5	东南大学	13	北京交通大学
6	浙江大学	14	郑州大学
7	山东大学	15	西南交通大学
8	华中科技大学		

表 1-6　交通运输硕士专业学位授权点

序号	学位授予单位名称	序号	学位授予单位名称	序号	学位授予单位名称
1	北京交通大学	14	大连交通大学	27	上海海事大学
2	北京工业大学	15	大连海事大学	28	上海工程技术大学
3	北京航空航天大学	16	沈阳建筑大学	29	苏州大学
4	北方工业大学	17	辽宁工业大学	30	东南大学
5	中国铁道科学研究院	18	吉林大学	31	南京航空航天大学
6	中国民航大学	19	长春理工大学	32	南京理工大学
7	华北理工大学	20	吉林建筑大学	33	扬州大学
8	石家庄铁道大学	21	北华大学	34	中国矿业大学
9	河北工业大学	22	哈尔滨工业大学	35	南京工业大学
10	中北大学	23	东北林业大学	36	河海大学
11	太原科技大学	24	同济大学	37	南京林业大学
12	内蒙古工业大学	25	上海交通大学	38	江苏大学
13	沈阳航空航天大学	26	上海理工大学	39	浙江大学

序号	学位授予单位名称	序号	学位授予单位名称	序号	学位授予单位名称
40	宁波大学	59	河南农业大学	78	成都信息工程大学
41	浙江海洋大学	60	华中科技大学	79	西华大学
42	合肥工业大学	61	武汉科技大学	80	中国民用航空飞行学院
43	华侨大学	62	武汉工程大学		
44	福州大学	63	武汉理工大学	81	西南林业大学
45	福建农林大学	64	湖北工业大学	82	昆明理工大学
46	集美大学	65	湖北汽车工业学院	83	西北工业大学
47	华东交通大学	66	中南大学	84	西安建筑科技大学
48	南昌航空大学	67	长沙理工大学	85	西安石油大学
49	江西理工大学	68	中山大学	86	长安大学
50	山东大学	69	华南理工大学	87	西安邮电大学
51	山东科技大学	70	广州大学	88	兰州交通大学
52	青岛理工大学	71	深圳大学	89	新疆农业大学
53	山东建筑大学	72	桂林电子科技大学	90	陆军工程大学
54	山东理工大学	73	重庆大学	91	陆军军事交通学院
55	华北水利水电大学	74	重庆邮电大学	92	空军工程大学
56	郑州大学	75	重庆交通大学	93	武警后勤学院
57	河南理工大学	76	西南交通大学	94	北京联合大学
58	郑州轻工业学院	77	电子科技大学	95	山东交通学院

从 2020 年开始,全国交通运输专业学位按照新代码(0861)招生,交通运输专业学位研究生培养进入了新的历史阶段。

本轮工程专业学位对应调整工作,在工程硕士专业学位实践探索 20 多年的基础上,不断优化和完善,设置了八个专业学位,统称为工程类专业学位,并分设博士、硕士两个层次。每一个专业学位形成一个体系,相对独立,堪称一个系统,交通运输专业学位便是如此。从宏观视角讲,交通运输专业学位人才培养的战略考量是,树立系统观,加强顶层设计,注重各方协同,取长补短,全链考虑,注重创新、服务、高质量发展。在人才培养路径上,强调科教融合、产教融合、政产学研用协同。在人才培养的方式上,体现融合、交叉,互相促进的指导思想。

第四节　交通运输专业学位发展趋势与改革方向

一、交通运输行业发展趋势

改革开放以来,中国交通运输总体上经历了从"瓶颈制约"到"初步缓解",到

"基本适应",再到"快速发展"的奋斗历程,与世界一流水平的差距快速缩小,部分领域已经实现超越,创造了许多举世瞩目的"中国速度"和"中国模式",一个走向现代化的综合交通运输体系正展现在世界面前。

近年来,我国交通运输行业不断提质增效,迈向高质量发展的交通强国:一是大力推进交通行业治理能力现代化。2013 年,铁路实现政企分开,交通运输大部门体制改革基本落实到位,形成了由交通运输部携国家铁路局、中国民用航空局、国家邮政局统筹管理铁路、公路、水路、民航和邮政的交通运输大部门管理体制架构。二是聚焦提质增效,供给侧结构性改革,提升交通行业强国战略支撑力。2016 年,国家发展改革委和交通运输部提出,将全面提升综合交通网络整体效率和服务水平作为交通建设和发展的重点,加快推进交通供给侧结构性改革,积极开拓新领域,培育发展新动能,扩大消费新需求,在完善交通基础设施网络的同时,围绕综合枢纽衔接、城际交通建设、推广联程联运、发展智能交通、提升快递服务、支撑服务消费、绿色安全发展等 7 个方面,推动交通提质增效,提升供给服务能力。我国交通运输行业正以"交通强国"为目标指引,开启新时代交通运输发展的新征程。

国际上,进入新世纪以来发达国家(地区)普遍开始实施综合交通运输业的升级换代,重点是通过综合交通运输与智能交通技术的深度融合,综合集成现代管理技术与现代装备技术、信息技术,努力提高运输装备的现代化水平以及运输管理信息化水平,大力推进运输过程一体化,大幅提升交通运输效率和安全保障能力。除了传统的交通运输行业,以大数据为支撑的更加精细、准确、完善和智能的服务需求也加速了交通产业生态圈跨界融合,为交通运输行业的发展不断注入新思维、新手段、新技术,对促进未来综合交通运输系统的运行组织模式和服务模式变革起到了决定性作用。

二、交通运输专业学位发展趋势

国际上,各相关院校普遍在课程设置和教学方式等方面出现了与外部社会之间建立明确联系的趋向,更为重视基础理论与工程实践的结合,如与交通运输行业的工商企业合作,采用协作式的培养方式,有利于提高学生的学习兴趣,增强他们的学习动机,努力克服传统课程僵化过时、与现实社会和工作部门实际相脱离等弊端。《交通运输工程领域工程硕士专业学位基本要求》中,也明确提出了专业硕士应掌握本领域扎实的基础理论、系统的专业知识及基本技能;全日制工程专业硕士应接受不少于半年的实践训练,实践环节包括课程实验、企业实践、应用研究等;获本专业学位应具备较强的获取知识、应用知识和组织协调的能力。国内外交通运输专业研究生培养,总体上都体现出教学、科研、工程实践一体化的特点。这种培养模式使交通运输专业教育能够与企业、行业的生产、工程实际之间建立直接、紧密的联系,进而满足当今社会、经济对交通运输人才培养的各种需求,使教育与社会、经济发展的联系日趋密切。

随着我国进入中国特色社会主义新时代,全面建设社会主义现代化强国迈入新征程,科教兴国、人才强国、创新驱动发展、乡村振兴、区域协调发展、可持续发展、军民融合等七大战略的深入推进,科技强国、质量强国、航天强国、制造强国、网络强国、交通强国、数字中国、智慧社会等建设的全面展开,创新驱动发展正成为今后我国经济社会发展的核心战略。同时,随着我国产业结构升级调整步伐的加快,广大企业正在走上以企业为主体、产教融合的科技创新道路。企业研发投入不断加大,重点实验室和工程中心正在成为研发型企业的标准配置。

依据对我国经济社会发展态势的判断,可概括交通运输专业学位未来发展的以下三个主要特征。

从按学科培养到跨学科交叉培养是工程专业学位未来发展的特征之一。未来的交通运输专业学位将不再按传统的学科培养人才,将随着交通运输工程科技的最新发展以及社会行业和职业不断细分所提出的要求,以多个学科理论为支撑,并涉及管理、商务、法律、人文、社会等领域知识。交通运输专业学位与电子信息、机械、材料、资源与环境、能源与动力、土木水利等专业学位、学科联系密切,随着交通运输向安全、高效、绿色、智慧、集成等方向不断发展,其内涵不断更新,呈现出综合、交叉的特点。

从现实取向到未来取向是工程专业学位未来发展的特征之二。现代交通运输工程是面向人类未来的工程实践活动,为工程所培养的人才既要立足现在,更要面向未来,注重工程的可持续发展。可持续、绿色发展、人类命运共同体、工程伦理以及批判性思维等将成为交通运输工程专业学位研究生必备的素养。

从知识传授到全面成长是工程专业学位未来发展的特征之三。传统按学科培养注重研究生通过学习获取学科知识,容易导致对研究生个体身心发展和思维训练的忽视。随着经济全球化发展理念、"一带一路"倡议等日益深入,交通运输工程活动也将日益全球化,工程科技人员将在全球工程实践中更加活跃。价值塑造、能力培养、知识传授、跨文化素养养成的人才全面培养将取代单纯的知识传授。

综上所述,随着我国从交通大国迈向交通强国,以创新型、应用型、复合型为培养特色,学位层次结构合理,研究生规模进一步发展的交通运输专业学位将成为今后的总体发展趋势。具体来说,交通运输专业学位研究生培养体现出以下要求:

1. 突出培养特色，满足高素质工程专门人才培养需要

截至 2018 年，我国有 74 所高校和科研院所拥有工程硕士交通运输工程领域专业学位授权点，其中三分之二的培养单位同时拥有交通运输工程一级学科（学术型）学位点。由于学术型研究生培养由来已久，在招生录取方式、课程体系设置、课堂教学方法、实践环境建设、毕业论文选题、培养质量评价以及师资队伍建设等方面，专业型研究生与学术型研究生的区分度不够明显。因此，需要加快深化改革、强化内涵发展，为国家交通运输发展夯实高层次人才基础，更好地满足高层次应用型和工程研究型人才的培养要求。

2. 强化工程教育，培养具有全面素质的实践创新人才

高校和科研院所在人才引进、工作考核、绩效分配等方面主要向科研产出倾斜，教师的学术能力和实践能力发展不均衡；同时，受到校内实验场地和仪器设备等条件的限制，加上行业企业在人才培养过程中的参与度不够，研究生的实践能力培养不能满足工程专业人才培养的现实需要。因此，需要进一步提升实践创新能力培养体系与条件，强化工程教育质量，更好地满足具备良好专业技能、胜任素质的交通运输工程领域创新型人才培养要求。

3. 加强交叉融合，适应未来交通运输技术与产业发展需求

国际交通运输系统越来越呈现出智能化、网联化、协同化趋势，智能网联基础上的交通参与者、运载工具、基础设施一体化协同系统正在成为交通运输系统发展的重大方向，交通运输系统所涉及技术的综合性、交叉性越来越明显。在新的发展态势下，对交通运输专业学位的方式（轨道运输、道路运输、水路运输、航空运输、管道运输）、方面（规划、建设、管理、控制、优化、安全）以及方向（基础设施、载运工具、综合运输、物流运输、智能运输）的知识体系构建与实践能力培养提出了更高的要求。

三、交通运输专业学位建设主要内容

专业学位的建设，首先要明确的是培养目标定位（包括专业学位的内涵，交通运输专业学位的主干方向以及培养特色等），本书明确了交通运输专业学位授权点申请基本条件、交通运输专业学位基本要求等一系列要求，规范交通运输专业学位建设。

结合专业学位的基本特征，在研究生培养过程中应突出知识与能力两条主线。

现代交通运输日益呈现出综合、交叉的特点,交通运输专业学位研究生应具备系统性的知识体系,各培养单位通过核心课程的设置,在其他专业方向课程的配合下,形成各具特色的专业知识体系。在课程教学中应积极推进教学模式改革,突出专业学位的实践能力培养特质。本书系统性地梳理了交通运输专业的知识体系,介绍了交通运输专业学位研究生核心课程指南,提供了交通运输专业学位研究生课程案例库建设的相关规范。

专业学位显著区别于工科学术型人才的是培养特色,关注知识、能力、素养等多方面的达成及综合能力和素质的养成等。本书重点介绍了交通运输专业学位能力要求,探索了交通运输专业学位能力培养路径以及能力达成的认证方法,明确了能力与素质的培养要求。同时,强化专业学位研究生在实践能力方面的训练,培养解决实际工程问题的应用能力,是专业学位研究生培养的核心任务,直接关系到交通运输专业学位研究生培养质量,本书对交通运输专业学位研究生实践质量保障进行了研究与设计。

四、交通运输专业学位研究生培养改革主要方向

1. 不断创新交通运输专业学位创新发展理念

面对新时代的工程专业学位创新发展更需要教育思想和教育理论的有力支撑。《国家中长期教育改革和发展规划纲要(2010—2020 年)》、教育部《关于实施卓越工程师教育培养计划的若干意见》、中国工程院《走向创新——关于中国创新型工程科技人才培养研究》等政策或倡议,要求改革创新工程人才培养模式,着力提高工程教育服务国家和人民的社会责任感、勇于探索的创新精神和善于解决复杂问题的实践能力。具有实践性、整合性、创新性教育理念的,融自然科学、技术科学、社会科学、人文科学、思想道德与工程实践为一体的"大工程观",强调了工程本质、综合交叉、实践创新、伦理责任等内涵。

交通运输专业学位在未来改革发展中,要积极汲取国内外工程教育发展的思想精华,吸收消化不断创新。

2. 继续健全科学、公平、公正的人才选拔方式

人才选拔是人才培养的首要环节,选拔质量对培养质量具有重要的影响。工程专业学位要兼顾应届和在职两类生源的人才选拔,缺乏科学性的人才选拔方式所导致的应届和在职生源比例严重失衡,不仅不利于后续的人才培养,也将由于在职生源的"断崖式"下降,进一步削弱高校与企业间的产学研合作。要针对硕士、博士不同阶段的人才培养定位,设计科学的选拔方法,遴选出更加适合

专业学位的培养对象。

交通运输专业学位在未来改革发展中,亟需不断探索和进一步健全与培养目标和定位联系紧密、考察点设计科学、环节严密规范、公平公正的人才选拔方式。

3. 加快构建与培养目标相适配的产教融合培养模式

产教融合培养模式是提高工程专业学位培养质量的有效方式,分为广义和狭义两种培养模式。广义培养模式是指教育外部资源对工程专业学位的支撑,包括法律法规政策、行业企业需求、专业实践支持等。狭义培养模式是指院校按照行业企业需求确定的培养目标所实施的人才教育过程总和,包括师资队伍、课程教学、专业实践、学位论文、运行管理和质量评价等。从广义培养模式看,行业企业重视育人的社会责任、参与培养的积极性、对培养提供的支撑作用尚未充分调动。从狭义培养模式看,院校育人的主体责任,在人才培养、运行管理和质量评价等方面尚待完善。

交通运输专业学位在未来改革发展中,亟需广义培养模式和狭义培养模式的有机统一,以培养和输送更好更多的"创新型、复合型、应用型人才"。

当前,我国已成为世界主要经济体和制造业大国。我国经济正由高速增长阶段向高质量发展阶段转变,产业结构正从劳动密集型为主向技术密集型为主转变。在交通强国战略的推动下,对交通运输高层次应用型专业人才的需求日趋重视和迫切。交通运输专业学位要进一步处理好硕士和博士人才培养的有机统一,处理好工程人才全面化和个性化培养的有机统一,处理好研究能力、应用能力和职业能力的有机统一,不忘初心,肩负中华民族伟大复兴的使命,砥砺前行,紧紧围绕"服务需求、提高质量"这一主线,不断改革创新,将立德落实在育人全程上,教学讲授在理论应用上,科研开展在产业前沿上,论文体现在科技成果上,成果转化在企业效益上。

4. 持续完善交通运输专业学位质量监督体系

2014 年,国务院学位委员会、教育部相继发布了加强学位与研究生教育质量保证和监督体系建设意见等一系列文件,我国研究生教育质量保证和监督体系基本形成,但该体系中尚未细化构建出针对包括工程专业学位在内的专业学位的质量保证和监督体系。

交通运输专业学位在未来改革发展中,需建立符合专业学位特点的、教育内部与外部有机结合的质量保证和监督体系,以更好地发挥质量监督对人才培养"以评促建、以评助改"的作用。

5. 推进衔接交通运输专业学位职业任职资格

工程师职业任职资格制度是国家对有关工程领域从业人员实行的职业准入与管理制度,是工程师执业上岗的重要标准,是规范管理工程师队伍、保证工程师队伍质量的有效手段,是工程师国际流动与合作的依据。2010 年,国务院学位委员会印发的《硕士、博士专业学位研究生教育发展总体方案》提出大力推进专业学位教育与职业资格考试相衔接,但我国工程师职业管理制度尚未建立。

交通运输专业学位在未来改革发展中,需进一步强化与工程师职业任职资格的衔接,以更好地服务工程师职业队伍发展的需求。

第二章 交通运输专业学位基本要求

工程专业学位类别调整工作启动后,在全国工程专业学位研究生教育指导委员会的统一部署下,全国交通运输工程领域研究生教育协作组组织相关高校专家,制订了交通运输专业学位授权点申请基本条件、交通运输专业学位基本要求等一系列规范性文件,对全国交通运输专业学位建设与研究生培养工作具有重要的指导作用。

第一节 交通运输硕士专业学位授权点申请基本条件

交通运输硕士专业学位是与交通运输行业相关任职资格相联系的工程专业学位。交通运输系统由轨道运输、公路运输、水路运输、航空运输和管道运输这五种运输方式构成。交通运输专业学位涵盖以上每一种运输方式中的政策制度、规划设计、施工建设、运行控制、运营管理等方面内容。

交通运输硕士专业学位与电子信息、机械、材料、资源与环境、能源与动力、土木水利等专业学位、学科联系密切。随着交通运输向安全、高效、绿色、智慧、集成等方向不断发展,其内涵不断更新,呈现出综合、交叉的特点。

一、专业特色

交通运输硕士专业学位面向交通基础设施工程、交通运输规划与管理、交通信息与控制工程、载运工具运用工程、交通安全与环境、综合交通运输与物流工程等主干方向,在技术开发与应用、工程设计与实施、技术攻关与改造、工程规划与管理等方面,培养基础扎实、素质全面、工程实践能力强,并具有一定创新能力的应用型、复合型高层次工程技术与工程管理人才。

依托单位在相关主干方向应具有优势与特色,社会声誉良好;研究方向设置合理,适应行业和区域发展的需要。

二、师资队伍

1. 人员规模

交通运输硕士专业学位专任教师不少于 20 人;应与交通运输相关行(企)

业高级工程技术或管理人员共同建设专业化教学团队和导师团队,参与交通运输硕士专业学位研究生的教学与指导的行(企)业教师人数不少于专任教师数的1/2。

2. 人员结构

师资队伍年龄结构合理,专任教师中,45岁以下的比例不少于1/3,具有博士学位的比例不少于1/2,具有副高及以上职称的骨干教师不少于5人;获得外单位硕士及以上学位的比例不少于1/5;具有实践经验的教师(具有职业资格证书或具备相应行业工作经验或承担过工程技术类课题)的比例不少于1/3。

3. 骨干教师

骨干教师应有交通运输相关领域较高的专业技术水平、丰富的工程实践和人才培养经验,有不少于1/5的教师参与过本单位或其他单位交通运输相关学科硕士研究生的指导工作。

三、人才培养

1. 课程与教学

确定特色鲜明、优势突出的交通运输硕士专业学位的研究方向和人才培养目标,并制订相应的培养方案,构建交通运输硕士专业学位研究生培养课程体系,明确学位论文的形式与基本要求,建立交通运输硕士专业学位培养质量评价标准和保障体系。

2. 培养质量

交通运输相关学科有4届本科生毕业生或1届硕士研究生毕业生,毕业本科生不少于60人或毕业硕士研究生不少于10人。培养质量好,在教学改革或教育教学研究方面获得过省部级及以上教学成果奖励或表彰。支撑交通运输硕士的相关学科毕业生就业情况良好,用人单位评价高。

四、培养环境与条件

1. 科研水平

具有较好的科研基础,近5年师均年科研经费不少于10万元,年均科研经费不少于200万元(其中交通运输工程技术类课题经费不少于100万元,省部级及以上纵向科研经费所占比例不少于20%);近5年在本领域取得高水平学术成果不少于 3 项,有一定数量的省部级(或一级行业学会)科学技术奖或应用成果(授权的发明专利、获得应用的技术规范或行业标准)。近 5 年,骨干教师均主持过省部级及以上科研课题,且至少有 1 项工程技术类课题在研,有一定数量的高水平学术成果或授权发明专利。

2. 专业实践

与交通运输行(企)业联合培养硕士研究生,在交通运输硕士相关学科开展案例教学和专业实践,确保研究生能够参与工程技术类课题,有效提高研究生解决实际问题的能力。

3. 支撑条件

建有与交通运输学科相关的应用研究专业实验室或公共研究平台,保证每位研究生都能进入实验室或使用公共研究平台,有足够的专业文献资料、现代化教学设施。至少有 2 个职责明确、长期稳定的联合培养基地。联合培养基地至少有 5 名具有副高及以上职称的专业技术人员能够参与交通运输硕士专业研究生的全程指导;有满足专业实践教学、培养专业实践能力所需的场地和设施,能够为交通运输专业硕士研究生培养提供条件。在学风建设、学术道德、工程伦理等方面具有健全的规章制度及有效的防范机制;具有有效的专业学位研究生培养的管理与运行机制,有专门的机构和人员管理专业学位研究生培养,并建立完备的专业学位研究生奖助体系。

第二节 交通运输博士专业学位授权点申请基本条件

交通运输博士专业学位是面向交通运输行业的工程博士专业学位。

交通运输系统由轨道运输、公路运输、水路运输、航空运输和管道运输这五种运输方式构成。交通运输专业学位涵盖以上每种运输方式中的政策制度、规划设计、施工建设、运行控制、运营管理等方面内容。

交通运输博士专业学位与电子信息、机械、材料、资源与环境、能源与动力、土木水利等专业学位、学科联系密切。随着交通运输向安全、高效、绿色、智慧、集成等方向不断发展,其内涵不断更新,呈现出综合、交叉的特点。

一、专业特色

交通运输博士专业学位研究生培养的主要目标是瞄准建设交通强国战略,适应创新型国家建设需要,满足国家重大工程项目和重要科技攻关项目对高层次工程应用型创新人才的需求,在交通基础设施工程、交通运输规划与管理、交通信息与控制工程、载运工具运用工程、交通安全与环境、综合运输与物流工程等主干方向,培养具有坚实宽广的理论基础和系统深入的专门知识,具备解决交通运输相关领域复杂工程技术问题、进行工程技术创新以及组织实施高水平工程技术项目等能力的高层次专门人才,为培养和造就交通运输技术领军人才奠定基础。

二、师资队伍

1. 人员规模

专任教师不少于 20 人;应与交通运输相关行(企)业高级工程技术或管理人员共同建设专业化教学团队和导师团队,参与交通运输研究生教学与指导的行(企)业教师人数不少于专任教师数的 1/2。

2. 人员结构

具有一支知识、年龄以及职称结构合理的师资队伍,其中应有 50% 及以上的教师主持过或作为主要骨干参加过国家级或省部级重大、重要工程类科技项目,并有较大比例的教师拥有与企业合作开展研发工作的经历。还应具有较充足的能够协助指导交通运输博士研究生的企业专家队伍,企业导师应具有至少 15 年的工程实践经验,且主持过或作为主要骨干参加过国家或省部级重大、重要交通运输工程类科技项目。

3. 骨干教师

骨干教师应有较高的专业技术水平、丰富的工程实践经验和人才培养经验,有不少于 1/5 的教师参与过本单位或其他单位交通运输硕士研究生的指导工作。

三、人才培养

1. 课程与教学

确定特色鲜明、优势突出的培养目标,制订相应的培养方案,构建培养课程体系,明确学位论文的形式与基本要求,建立培养质量评价标准和保障体系。保证学生能够参与面向国家重大需求的交通运输应用研究课题或技术开发项目,有效提高学生的技术创新能力、组织领导能力和项目管理能力。

2. 培养质量

申请单位在交通运输相关主干及支撑学科方向应具有至少 8 年的博士研究生培养经验,且培养质量高,近 5 年累计授予博士学位人数不少于 100 人。同时,申请单位在交通运输硕士等相关类别或领域应有至少 8 年的工程硕士培养经验,且培养效果良好。

四、科研能力及水平

1. 科研水平

在交通运输相关领域应具有很强的重大技术攻关能力和工程技术研究能力。近 5 年,申请单位应作为第一完成单位在所申请领域获得国家科学技术进步奖或技术发明奖(二等及以上)、省部级科学技术进步奖或技术发明奖(一等及以上)至少 3 项。在申请领域内应具有国家或省部级科研平台,承担多项国家或省部级重大、重点工程类科技项目或重大横向委托课题,研究经费充足。近 5 年,申请单位在交通运输相关领域,每年专任教师人均科研经费不少于 50 万元,科研总经费年均不少于 3000 万元,其中省部级及以上重大、重点工程类项目、重大横向委托课题(500 万元以上项目)经费年均不少于 2000 万元。

2. 专业实践

与交通运输领域相关的行业骨干企业应建立长期稳定的合作关系,并建立了研究生合作培养基地。合作企业在交通运输相关工程领域应具有国家或省部级技术研发平台,承担多项国家或省部级重大、重点工程类科技项目,研究经费充足,并能为交通运输专业博士研究生配备高水平具有丰富实践经验的企业指导教师。企业指导教师要全面参与博士研究生的专业实践、博士学位论文开题、中期检查及论文指导与答辩全过程。

3. 支撑条件

申请交通运输博士专业学位所涉及的主干学科及支撑学科(至少 2 个)应具有博士学位授予权,主干学科在国内同类学科中应处于领先水平,支撑学科在国内同类学科中应处于先进水平,并在多学科交叉解决交通运输相关重大工程技术问题方面具有国内领先的优势。建立交通运输博士专业学位研究生培养的管理体系与运行机制,奖助体系完备,有专门的机构和人员负责交通运输博士专业学位研究生培养管理工作。在学风建设、学术道德、工程伦理及创新创业等方面具有健全的规章制度及有效的防范机制。

4. 其他要求

申请单位一般应正在交通运输相关学科领域承担国家重大科技专项或国家重点研发计划项目。

第三节　交通运输硕士专业学位基本要求

一、概况

交通运输硕士专业学位是与交通运输行业相关任职资格相联系的工程专业学位。学位获得者应成为交通运输行业思想政治正确,具有高度社会责任感,理论方法扎实,技术应用过硬,素质全面的应用型、复合型、高层次工程技术和工程管理人才。

交通运输系统由轨道运输、公路运输、水路运输、航空运输和管道运输这五种运输方式构成。交通运输专业学位涵盖以上每种运输方式中的政策制度、规划设计、施工建设、运行控制、运营管理等方面内容。

交通运输硕士专业学位的主干方向有交通基础设施工程、交通运输规划与管理、交通信息与控制工程、载运工具运用工程、交通安全与环境、综合运输与物流工程等,涉及技术开发与应用、工程设计与实施、技术攻关与改造、工程规划与管理等方面。

交通运输硕士专业学位与电子信息、机械、材料、资源与环境、能源与动力、土木水利等专业学位、学科联系密切。随着交通运输向安全、高效、绿色、智慧、集成等方向不断发展,其内涵不断更新,呈现出综合、交叉的特点。

二、硕士专业学位基本要求

1. 获本专业学位应具备的基本素质

交通运输硕士专业学位获得者应拥护中国共产党的领导,热爱祖国,遵纪守法,具有服务国家和人民的高度社会责任感、良好的职业道德和创业精神、科学严谨和求真务实的学习态度和工作作风,身心健康。

交通运输硕士专业学位获得者应掌握所从事行业领域坚实的基础理论和宽广的专业知识,掌握一门外国语,熟悉行业领域相关标准、规范,在行业领域的某一方向具有独立担负工程规划、工程设计、工程实施、工程研究、工程开发、工程管理等专门技术工作的能力,具有良好的职业素养。

2．获本专业学位应掌握的基本知识

基本知识包括基础知识和专业知识，涵盖交通运输行业相关任职资格所需的主要知识点。

基础知识包含人文社科知识、自然科学知识及工具类知识，如自然辩证法、管理学、知识产权、工程伦理、数学、力学、自动控制、计算机技术、信息检索、外语等。研究生可根据具体研究方向及行业需求，在不同方面有所侧重。

专业知识包括交通运输概论等通用知识模块及专业知识模块。专业知识模块可按交通基础设施工程、交通运输规划与管理、交通信息与控制工程、载运工具运用工程、交通安全与环境、综合运输与物流工程等方向设置。培养单位可针对不同的研究方向和工程应用实际，选择设置具体的专业课程，应突出新技术、新方法和新工艺的教学与实践。研究生可以根据学校特色、行业任职资格的需求，选择学习专业知识，形成系统和较为合理的专业知识结构。

3．获本专业学位应接受的实践训练

专业实践是交通运输硕士专业学位研究生获得实践经验、提高实践能力的重要环节。通过实践环节应达到：基本熟悉交通运输相关行业工作流程和相关职业及技术规范；培养综合实践能力和沟通协作能力；结合专业实践开展学位论文工作。

交通运输专业学位研究生的实践训练可采用集中实践和分段实践相结合的方式。具有 2 年及以上工程经历的，专业实践时间应不少于 6 个月；不具有 2 年及以上工程经历的，专业实践时间应不少于 1 年。非全日制研究生的专业实践可结合自身工作岗位的任务开展。

实践训练的形式可以多样化，实践环节包括课程实验、企业实践、应用研究等，实践内容及计划由校内指导教师确定或校内、校外指导教师共同商定。实践结束后，研究生撰写的实践报告要有一定的深度、独到的见解，实践环节的成果能直接服务于实践单位或实际工程的技术开发、技术改造、生产提高、相关规章制度建设等。

4．获本专业学位应具备的基本能力

（1）专业知识获取及应用能力

具有相关的数学、自然科学与专业知识的学习与综合理解能力，以及在实际交通运输工程问题中的运用能力。

能够针对交通运输工程实际，开发、选择与使用恰当的技术、资源、现代工程

工具和信息技术工具,对实际问题进行研究与分析。

具有自主学习和终身学习的意识和技能,具有不断学习和适应发展的能力。

(2)复杂工程技术问题分析能力

具有综合应用工程原理分析实际交通运输工程问题,并理解其局限性的能力。针对具体的交通运输工程技术问题,独立设计和实施工程实验,并科学地分析和处理数据,得出可验证的实验结论。

了解与本领域相关的职业和行业的生产、设计、研究与开发、环境保护和可持续发展等方面的方针、政策和法律、法规,能正确认识工程对经济、环境、健康、安全、可持续发展、法律以及文化的影响,并理解应承担的责任。

(3)工程技术研发与项目组织能力

通过课程学习、专题讲座、学术报告、文献查阅、交流研讨等多种方式,熟悉本领域的技术前沿、现状和发展趋势。具有提取和评估相关数据并运用工程分析技术求解不熟悉问题的能力,或具有使用基础知识研究新技术的能力。

理解并掌握工程管理原理与决策方法,能够组织交通运输工程项目的策划与实施。

(4)国际视野和沟通协调能力

具备一定的国际视野,能够在跨文化背景下进行沟通和交流。

能够就实际工程问题与业界同行及社会公众进行有效沟通和交流,包括撰写报告和设计文稿、陈述发言、清晰表达或回应指令。

能够在团队中承担个体、团队成员以及负责人的角色。

5. 学位论文基本要求

(1)选题要求

交通运输硕士专业学位论文选题应来源于交通运输领域的工程实际问题,具有明确的工程应用背景。学位论文要有明确的拟解决的关键技术问题,具有解决问题所需的条件与保障。论文的研究内容应有工程实用价值或应用前景。

选题报告内容应包括:课题的背景和意义;课题的发展现状、研究综述、尚需解决的问题;课题的研究目标、研究内容和需要解决的关键问题;课题研究的技术路线和进度安排等。

(2)内容及其形式要求

交通运输硕士专业学位论文的内容可以是技术攻关、技术改造所对应的工程设计、应用研究、工程软科学研究,也可以是新工艺、新设备、新材料、新产品的研制与开发等。

论文可以采用产品研发、工程规划、工程设计、应用研究、工程/项目管理、调研报告等多种形式。研究生在导师指导下选择一种形式。对不同形式应有相应的要求。

（3）规范要求

学位论文一般应与专业实践相结合，时间不少于1年。

学位论文由以下部分组成：封面、独创性声明、学位论文版权使用授权书、摘要、正文、参考文献、致谢等。正文字数一般不少于2.5万字。

学位论文撰写要求概念清晰、层次分明，用词准确、文字通畅，图表清晰、数据可靠，引用他文应明确标注。

（4）水平要求

交通运输硕士专业学位论文的水平要求如下：

① 学位论文工作有一定的技术难度和深度，论文成果具有一定的先进性和实用性；

② 学位论文工作应在导师指导下独立完成，论文工作量饱满；

③ 学位论文中的文献综述应对选题所涉及的工程技术问题或研究课题的国内外状况有清晰的描述与分析；

④ 学位论文的正文应综合应用基础理论、专业知识、科学方法和技术手段对所解决的科研问题或工程实际问题进行分析研究，并能在某些方面提出独特的、切合实际的新见解。

6. 质量保障与监督

培养单位应建立交通运输硕士专业学位研究生培养质量的内部保障体系，接受外部监督。各主要教学环节有明确的质量要求，通过教学环节、过程监控和质量评价促进研究生基本能力的达成。

第四节　交通运输博士专业学位基本要求

一、概况

交通运输博士专业学位是为交通运输行业培养思想政治正确、具有高度社会责任感、理论方法扎实、技术应用过硬、素质全面、具有创新能力的应用型、复合型、高层次工程技术和工程管理人才，为造就交通运输行业工程技术领军人才奠定基础。

交通运输系统由轨道运输、公路运输、水路运输、航空运输和管道运输这五种运输方式构成。交通运输博士专业学位涵盖以上每种运输方式中的政策制度、规划设计、施工建设、运行控制、运营管理等方面内容。

交通运输博士专业学位的主干方向有交通基础设施工程、交通运输规划与管理、交通信息与控制工程、载运工具运用工程、交通安全与环境、综合运输与物流工程等,涉及技术开发与应用、工程设计与实施、技术攻关与改造、工程规划与管理等方面。

交通运输博士专业学位与电子信息、机械、材料、资源与环境、能源与动力、土木水利等专业学位、学科联系密切。随着交通运输向安全、高效、绿色、智慧、集成等方向不断发展,其内涵不断更新,呈现出综合、交叉的特点。

二、博士专业学位基本要求

1. 获得本专业学位应具备的基本素质

交通运输博士专业学位获得者应拥护中国共产党的领导,热爱祖国,遵纪守法,具有服务国家和人民的高度社会责任感,服务科技进步和社会发展,践行社会主义核心价值观,恪守学术道德规范和工程伦理规范。

交通运输博士专业学位获得者应具有高度社会责任感和良好职业素养,在相关工程领域掌握坚实宽广的理论基础和系统深入的专门知识,具备解决复杂工程技术问题、进行工程技术创新、组织工程技术研发工作等能力。

2. 获得本专业学位应掌握的基本知识

交通运输专业学位博士应掌握本领域坚实宽广的基础理论、系统深入的专门知识和工程技术基础知识,熟悉相关工程领域的发展趋势与前沿,同时应掌握相关的人文社科及工程管理知识。应熟练掌握一门外国语。

应紧密结合我国社会和科技发展,面向企业(行业)工程实际和区域需求,根据学校特色,选择学习专业知识,形成系统和较为合理的专业知识结构。

3. 获本专业学位应具备的基本能力

交通运输专业学位博士应具备解决本行业复杂工程技术问题、进行工程技术创新、组织工程技术研究开发工作的能力及良好的沟通协调能力,具备国际视野和跨文化交流能力。

(1)解决复杂工程技术问题能力

能够针对交通运输领域复杂工程问题,开发、选择与使用恰当的技术、资源、现代工程工具和信息技术工具;综合应用数学、自然科学和工程科学的基本原理分析复杂交通运输工程问题;独立设计和实施工程实验,并科学地分析和处理数据,得出可验证的实验结论;了解与本专业相关的职业和行业的生产、设计、研究与开发、环境保护和可持续发展等方面的方针、政策和法律、法规,用于解决复杂工程技术问题,并理解应承担的责任。

（2）工程技术创新能力

通过课程学习、专题讲座、学术报告、文献查阅、交流研讨等多种方式,熟悉本领域的技术前沿、现状和发展趋势。具有创新意识和能力,具备提取和评估相关数据并运用工程分析技术求解交通运输领域不熟悉问题的能力,或具有使用基础知识研究交通运输领域某一方向新技术的能力。

（3）工程技术研发与项目的组织能力

综合运用工程知识和专业理论,针对复杂工程问题,综合考虑社会、经济、安全、法律、文化以及生态环境等因素,独立设计有效的解决方案。理解并掌握工程管理原理与经济决策方法,能在多学科环境中有效地组织交通运输工程项目的策划与实施。

（4）国际视野和沟通协调能力

具备较强的国际视野,能够在跨文化背景下进行沟通和交流。

能够就复杂工程问题与业界同行及社会公众进行有效沟通和交流,包括撰写报告和设计文稿、陈述发言、清晰表达或回应指令。

能够在多学科背景下的团队中承担负责人、团队成员的角色。

4. 学位论文基本要求

（1）选题要求

交通运输博士专业学位论文选题应来自交通基础设施工程、交通运输规划与管理、交通信息与控制工程、载运工具运用工程、交通安全与环境、综合运输与物流工程等方向的重大、重点工程项目,并具有重要的工程应用价值。

选题报告内容应包括:课题的背景和意义;课题的发展现状、研究综述、尚需解决的问题;课题的研究目标、研究内容和需要解决的关键问题;解决问题所需的条件与保障;课题研究的技术路线和进度安排等。

（2）研究内容要求

交通运输博士专业学位论文内容应与解决交通运输领域重大工程技术问题、实现企业技术进步和推动产业升级紧密结合,可以是工程新技术研究、重大工程设计、新产品或新装置研制等。

（3）成果形式要求

交通运输博士专业学位论文应做出创新性成果。成果形式包括学术论文、发明专利、行业标准、科技奖励等。成果应与学位论文内容相关,并在攻读学位期间取得。

（4）规范要求

学位论文可由以下部分组成：封面、独创性声明、学位论文版权使用授权书、摘要、正文、参考文献、致谢等。

学位论文撰写要求概念清晰、层次分明，用词准确、文字通畅，图表清晰、数据可靠，引用他文应明确标注。

（5）水平要求

学位论文应评价其学术水平、技术创新水平与社会经济效益，并着重评价其创新性和实用性。

5. 质量保障与监督

培养单位应建立交通运输博士专业学位研究生培养质量的内部保障体系，接受外部监督。

第五节　交通运输专业学位基本要求说明

一、交通运输专业学位授权点申请基本条件

交通运输专业学位授权点申请的基本条件，包含专业特色、师资队伍、人才培养要求、培养环境与条件等四方面的要素。

1. 专业特色

我国《交通强国建设纲要》中明确提出了基础设施布局完善、立体互联；交通装备先进适用、完备可控；运输服务便捷舒适、经济高效；科技创新富有活力、智慧引领；安全保障完善可靠、反应快速；绿色发展节约集约、低碳环保；开放合作面向全球、互利共赢；人才队伍精良专业、创新奉献；完善治理体系，提升治理能力等九大重点任务。交通运输专业学位研究生培养，要响应交通强国战略的要求。

交通运输硕士专业学位，针对交通强国战略的任务要求，明确了交通基础设施工程、交通运输规划与管理、交通信息与控制工程、载运工具运用工程、交通安全与环境、综合交通运输与物流工程等主干方向开展人才培养；相关方向上，在技术开发与应用、工程设计与实施、技术攻关与改造、工程规划与管理等方面，培养基础扎实、素质全面、工程实践能力强，并具有一定创新能力的应用型、复合型高层次工程技术与工程管理人才。

交通运输博士专业学位,培养具有坚实宽广的理论基础和系统深入的专门知识,具备解决交通运输相关领域复杂工程技术问题、进行工程技术创新以及组织实施高水平工程技术项目等能力的高层次专门人才,为培养和造就交通运输技术领军人才奠定基础。

2. 师资队伍

交通运输专业学位研究生培养单位应具有一定的师资队伍基础条件(见表 2-1),其中在人员结构方面,对博士专业学位研究生培养单位有着更高的要求。

表 2-1　交通运输专业学位研究生培养单位应具备的师资条件

要　求	硕士专业学位研究生培养单位	博士专业学位研究生培养单位
人员规模	专任教师不少于 20 人,参与教学与指导的行(企)业教师人数不少于专任教师数的 1/2	专任教师不少于 20 人,参与教学与指导的行(企)业教师人数不少于专任教师数的 1/2
人员结构	专任教师中,45 岁以下比例不少于 1/3,具有博士学位比例不少于 1/2,具有副高及以上职称的骨干教师不少于 5 人;获得外单位硕士及以上学位的比例不少于 1/5;具有实践经验教师比例不少于 1/3	50% 及以上教师主持过或作为主要骨干参加过省部级以上重大、重要工程类科技项目;企业导师应有 15 年以上工程实践经验,且主持过或作为主要骨干参加过省部级以上重大、重要工程类科技项目
骨干教师	骨干教师应有较高的专业技术水平、丰富的工程实践和人才培养经验,不少于 1/5 教师参与过本单位或其他单位交通运输相关学科硕士研究生的指导工作	骨干教师应有较高的专业技术水平、丰富的工程实践经验和人才培养经验,不少于 1/5 的教师参与过本单位或其他单位交通运输硕士研究生的指导工作

3. 人才培养要求

交通运输专业学位研究生培养应具有明确的目标和较好的人才培养经验积累(见表 2-2),其中在人才培养经验积累方面,对博士专业学位研究生培养单位有着更高的要求。

4. 培养环境与条件

交通运输专业学位研究生培养单位应具有较好的人才培养环境与条件(见表 2-3),其中对博士专业学位研究生培养单位有着更高的要求。

表 2-2　交通运输专业学位研究生培养要求

要　　求	硕士专业学位研究生培养单位	博士专业学位研究生培养单位
培养目标	确定特色鲜明、优势突出的交通运输硕士专业学位的研究方向和人才培养目标,制订培养方案、构建课程体系,明确学位论文的形式与基本要求	确定特色鲜明、优势突出的培养目标,制订培养方案、构建课程体系,明确学位论文的形式与基本要求。培养学生具备承担面向国家重大需求的交通运输应用研究课题或技术开发项目能力,有效提高学生的技术创新能力、组织领导能力和项目管理能力
培养经验	交通运输相关专业有 4 届本科生毕业生或 1 届硕士研究生毕业生,毕业本科生不少于 60 人或毕业硕士研究生不少于 10 人;获得过省部级及以上教学成果奖励或表彰;毕业生就业情况良好,用人单位评价高	在交通运输相关主干及支撑学科具有 8 年以上博士研究生培养经验,近 5 年累计授予博士学位人数不少于 100 人。同时,在交通运输硕士等相关类别或领域有 8 年以上工程硕士培养经验,且培养效果良好

表 2-3　交通运输专业学位研究生培养单位应具备的培养环境与条件

要　　求	硕士专业学位研究生培养单位	博士专业学位研究生培养单位
科研水平	近 5 年师均年科研经费不少于 10 万元;年均科研经费不少于 200 万元(其中工程技术类课题经费不少于 100 万元,省部级及以上纵向科研经费占比不少于 20%);近 5 年取得高水平学术成果不少于 3 项,有一定数量省部级(或一级行业学会)科技成果或应用成果。近 5 年,骨干教师均主持过省部级及以上科研课题,且至少有 1 项工程技术类课题在研,有一定数量的高水平学术成果或授权发明专利	近 5 年,作为第一完成单位获得国家科技进步奖或技术发明奖、省部级科学技术进步奖或技术发明奖(一等及以上)至少 3 项。具有省部级以上科研平台,承担多项国家或省部级重大、重点工程类科技项目或重大横向委托课题,研究经费充足。近 5 年,专任教师年人均科研经费不少于 50 万元,科研总经费年均不少于 3000 万元,其中省部级以上重大、重点工程类项目、重大横向课题(500 万元以上项目)经费年均不少于 2000 万元
专业实践	与交通运输行(企)业联合培养硕士研究生,在交通运输硕士相关学科开展案例教学和专业实践,确保研究生能够参与工程技术类课题,有效提高研究生解决实际问题的能力	与交通运输行业的骨干企业应建立长期稳定的合作关系,并建立研究生合作培养基地。合作企业应具有省部级以上技术研发平台,研究经费充足,能为交通运输专业博士研究生配备高水平具有丰富实践经验的企业指导教师

续表

要　求	硕士专业学位研究生培养单位	博士专业学位研究生培养单位
支撑条件	至少有 2 个职责明确、长期稳定的联合培养基地。联合培养基地至少有 5 名具有副高以上职称的专业技术人员参与硕士专业研究生的全程指导;有满足培养专业实践能力所需的场地和设施。具有健全的规章制度和有效的专业学位研究生培养管理机制	支撑学科(至少 2 个)应具有博士学位授予权,在国内同类学科中处于领先或先进水平,在多学科交叉解决交通运输相关重大工程技术问题方面具有国内领先的优势。具有健全的规章制度体系
其他条件	—	一般应正在承担国家重大科技专项或国家重点研发计划项目

二、交通运输专业学位基本要求

交通运输专业学位基本要求,包括获本专业学位应具备的基本素质、应掌握的基本知识、应接受的实践训练、应具备的基本能力、学位论文基本要求以及质量保障与监督等方面的要素。对于博士专业学位研究生,有着与硕士专业学位研究生不同的、更高的基本要求(见表 2-4)。

表 2-4　交通运输专业学位基本要求

要　求	硕士专业学位研究生	博士专业学位研究生
基本专业素质	掌握坚实的基础理论和宽广的专业知识,掌握一门外国语,熟悉相关标准、规范,在交通运输行业领域的某一方向具有独立担负工程规划、工程设计、工程实施、工程研究、工程开发、工程管理等专门技术工作的能力,具有良好的职业素养	具有高度社会责任感和良好职业素养,在交通运输相关工程领域掌握坚实宽广的理论基础和系统深入的专门知识,具备解决复杂工程技术问题、进行工程技术创新、组织工程技术研发工作等能力
基本知识	基本知识包括基础知识和专业知识,涵盖交通运输行业相关任职资格所需的主要知识点。基础知识包含人文社科知识、自然科学知识及工具类知识。专业知识可按研究方向进一步细化	应掌握本领域坚实宽广的基础理论、系统深入的专门知识和工程技术基础知识,熟悉相关工程领域的发展趋势与前沿,掌握相关的人文社科及工程管理知识。应熟练掌握一门外国语。应紧密结合我国社会和科技发展,面向企业(行业)工程实际和区域需求,选择学习专业知识,形成系统和较为合理的专业知识结构

要　　　求	硕士专业学位研究生	博士专业学位研究生
实践训练	具有 2 年及以上工程经历者,专业实践时间应不少于 6 个月;不具有 2 年及以上工程经历者,专业实践时间应不少于 1 年。非全日制研究生的专业实践可结合自身工作岗位任务开展。实践训练形式可以多样化,包括课程实验、企业实践、应用研究等	—
基本能力	专业知识获取及应用能力; 复杂工程技术问题分析能力; 工程技术研发与项目组织能力; 国际视野和沟通协调能力	解决复杂工程技术问题能力; 工程技术创新能力; 工程技术研发与项目组织能力; 国际视野和沟通协调能力
学位论文	(1) 选题要求:学位论文研究内容应有工程实用价值或应用前景。 (2) 内容及其形式要求:论文的内容可以是技术攻关、技术改造所对应的工程设计、应用研究、工程软科学研究,也可以是新工艺、新设备、新材料、新产品的研制与开发等。 (3) 水平要求:论文成果具有一定的先进性和实用性	(1) 选题要求:论文选题应来自重大、重点工程项目,并具有重要工程应用价值。 (2) 研究内容要求:应与解决重大工程技术问题、实现企业技术进步和推动产业升级紧密结合,可以是工程新技术研究、重大工程设计、新产品或新装置研制等。 (3) 成果形式要求:应做出创新性成果。成果形式包括学术论文、发明专利、行业标准、科技奖励等。 (4) 水平要求:应从学术水平、技术创新水平与社会经济效益等方面进行评价,着重评价其创新性和实用性

第三章　交通运输专业学位知识体系

交通运输专业学位的知识体系包括基础知识和专业知识。基础知识包含人文社科知识、自然科学知识及工具类知识,如自然辩证法、管理学、知识产权、工程伦理、数学、力学、自动控制、计算机技术、信息检索、外语等。专业知识指交通运输专业学位内涵所包含的并满足专业学位基本要求的内容。本章主要介绍研究提出的交通运输专业学位专业知识体系。

第一节　交通运输专业学位知识体系架构

一、交通运输专业学位知识体系构建思路

1. 与交通运输专业学位内的领域划分对应

交通运输专业学位类别下主要有轨道交通运输、道路交通运输、水路交通运输、航空交通运输、管道交通运输、综合交通运输以及物流技术工程等领域。交通运输专业学位知识体系构建与领域划分相对应,便于具有不同交通运输专业学位办学特色的培养单位合理编制培养方案、制订课程体系并突出特色、优势,更有助于办学历史相对较短的学校尽快形成较为合理、清晰的培养方向、办学定位以及配套的课程体系。

2. 与核心课程所涉及的知识点呼应

2018 年春至 2019 年春,全国交通运输工程领域研究生教育协作组组织了全国 30 多所高校以及代表性的行业科研院所、骨干企业的 40 多位专家,经过广泛深入的讨论和前后三轮的意见征求及不断完善,形成了交通运输导论、交通基础设施工程、交通运输系统规划、交通运输组织、交通运输管理与控制、载运工具运用工程、交通运输安全、物流工程(物流技术工程)、综合运输(综合交通运输)以及智能运输系统等交通运输专业学位 10 门核心课程指南。指南体现了交通运输专业学位的内涵和主要内容,具有重要的指导作用。交通运输专业学位知识体系的构建,与核心课程所涉及的知识点互相呼应,覆盖了核心课程的知识点并进行了拓展与扩充。

3. 与传统交通运输工程知识体系的衔接

交通运输专业学位知识体系的构建过程中,重点参考了有代表性、有影响力的多部交通运输(工程)相关教材,包括《交通运输工程学导论》(2009,清华大学出版社,邓学钧、刘建新)、《交通运输工程学》(2003,人民交通出版社,沈志云、邓学钧)、《交通运输学》(2017,人民交通出版社,胡思继)、《交通运输工程导论》(2014,人民交通出版社,顾保南)、《交通运输工程学》(2017,人民交通出版社,过秀成)、《运输工程》(2014,东南大学出版社,李旭宏)等,涵盖了以上教材中所涉及的主要传统知识点,对其中陈旧的知识点进行了大幅更新。

4. 体现交通运输的技术发展趋势

根据新形势下我国交通运输技术、装备与产业发展的新要求,依据交通强国战略以及《国家中长期科技发展规划纲要》《中国制造 2025》《"十三五"国家科技创新规划》等国家重大科技战略部署,结合国际交通运输技术的发展现状与未来趋势,交通运输专业学位知识体系体现"综合",要培养具有提升各种交通运输方式间综合协同运行的知识能力;体现"智能",要培养具有提升交通运输系统从设施到运行系统智慧管控的知识能力。知识体系的构建,要为推动交通运输科技进步和加快形成安全、便捷、高效、绿色的现代综合交通运输体系提供基础。

5. 体现交通运输专业学位的培养特点

有别于交通运输工程学科学术型研究生,交通运输专业学位研究生更加突出能力培养,尤其是以专业知识应用能力、实践创新能力为核心的综合能力培养。交通运输专业学位知识体系中,除了传统的专业基本知识外,融入了国家交通运输发展政策、相关法律法规、现行主要技术标准规范等,突出了工程专业学位的特点,为塑造研究生的工程问题分析能力、工程设计与开发能力以及工程与社会的协调能力等提供了知识方面的基本条件。

6. 兼顾专业知识点的覆盖面与深度

交通运输专业学位知识体系围绕交通运输的主要方式(轨道、道路、航空、水路、管道)、主要方面(规划、建设、管理、控制、安全等)和主要方向(基础设施、载运工具、综合运输、客流物流、智能运输等)进行构建,关注知识点的覆盖面。同时,为了方便各培养单位突出自身的特色与优势,所构建的交通运输专业学位知识体系分为基本知识点与拓展知识点,并对未来进一步拓展的、综合交叉的知识点留有扩充的余地。培养单位选用时,可以对知识点进行进一步的细化、深化、拓展、补充和取舍。

二、交通运输专业学位知识体系结构

根据《交通运输硕士专业学位基本要求》,交通运输专业学位涵盖轨道运输、公路运输、水路运输、航空运输和管道运输五种运输方式中的政策制度、规划设计、施工建设、运行控制、运营管理等方面内容;设有交通基础设施工程、交通运输规划与管理、交通信息与控制工程、载运工具运用工程、交通安全与环境、综合运输与物流工程方向等,涉及技术开发与应用、工程设计与实施、技术攻关与改造、工程规划与管理等;与电子信息、机械、材料、资源与环境、能源与动力、土木水利等专业学位、学科联系密切。交通运输专业学位知识体系要满足以上要求,为促进交通运输向安全、高效、绿色、智慧、集成等方向不断发展,提供基础支撑条件。

在系统理念的人才培养逻辑下,交通运输专业学位提出了按主要方式、主要方面、主要方向三个维度,构建知识体系。交通运输专业学位知识体系架构的三维空间结构,见图 3-1。

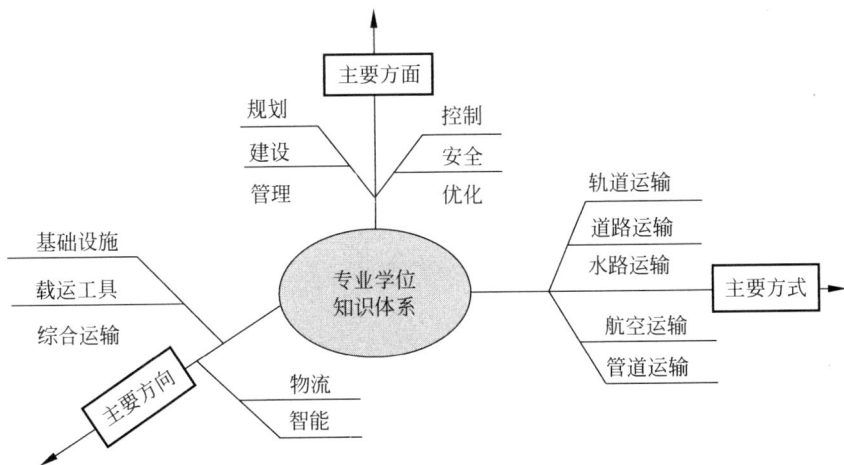

图 3-1 交通运输专业学位知识体系架构

交通运输专业学位知识体系具有以下特性:

(1)系统性:将来自主要方式、主要方面、主要方向的多个知识点,合理组合、有机融合;

(2)体系性:知识点按照一定的专业逻辑进行有序梳理,努力实现知识体系的结构完整;

（3）开放性：知识点的广度与深度兼顾，同时，保证知识点内容可生长、可拓展、可取舍；

（4）模块化：知识点按照一定的规则进行模块化组织，便于培养单位根据自身的优势与特色，选择若干知识点模块进行组合，合理设置相应课程（体系）。

交通运输专业学位的知识体系按照三层架构进行组织，由知识模块、一级知识点和二级知识点构成。

第二节　交通运输专业学位知识模块

经过系统梳理，交通运输专业学位知识体系共划分为 12 个知识模块。每个知识模块有若干一级知识点，12 个模块共有 85 个一级知识点。

模块 1：交通运输的内涵、作用、发展历程与未来趋势

一级知识点主要有：
- 交通运输的内涵与性质
- 交通运输系统的构成
- 交通运输系统发展历程
- 交通运输在国民经济中的地位和作用
- 各种运输方式的技术经济特征及其适用条件
- 交通运输系统的发展趋势

模块 2：交通运输需求与运输量

一级知识点主要有：
- 交通运输需求特征
- 交通运输需求主要影响因素
- 交通运输需求弹性分析
- 交通运输需求与运输量预测

模块 3：交通运输系统规划

一级知识点主要有：
- 交通运输系统规划概述
- 交通运输系统规划原理和方法
- 综合运输规划

■ 交通运输系统专项规划
■ 交通运输系统规划新技术[*]

模块 4：轨道运输系统

一级知识点主要有：
■ 轨道运输系统概况
■ 轨道交通基础设施
■ 轨道交通场站
■ 轨道交通运输设备
■ 轨道运输组织
■ 轨道交通运行控制
■ 城市轨道交通系统
■ 其他轨道交通系统
■ 轨道运输安全

模块 5：道路运输系统

一级知识点主要有：
■ 道路运输系统概况
■ 道路交通基础设施
■ 汽车与道路运输设备
■ 公路运输组织与管理
■ 城市道路交通系统
■ 道路交通系统建模与仿真
■ 道路交通系统控制
■ 道路交通安全

模块 6：水路运输系统

一级知识点主要有：
■ 水路运输系统概况
■ 水路运输基础设施
■ 船舶与水路运输设备
■ 水路运输组织

---

* 供培养单位拓展的知识。

- 水运交通管理与控制
- 水路运输安全

模块 7：航空运输系统

一级知识点主要有：
- 航空运输系统概况
- 航空运输基础设施
- 航空飞行器
- 航空运输组织
- 航空交通控制和管理
- 航空运输安全

模块 8：管道运输系统

一级知识点主要有：
- 管道运输系统概况
- 管道运输系统设施与设备
- 管道输送
- 管道运输运行控制与管理
- 管道运输安全

模块 9：综合交通运输

一级知识点主要有：
- 综合交通运输概述
- 运输方式合理配置与协调
- 综合交通运输枢纽
- 综合交通运输组织
- 多式联运
- 运输市场
- 运输经济
- 综合交通运输系统评价
- 综合交通运输政策

模块 10：物流技术工程

一级知识点主要有：

- 物流技术工程概述
- 物流系统规划与设施
- 物流运输与配送技术
- 仓储与库存
- 物料搬运与装卸
- 物流信息技术
- 物流标准化
- 物流安全与监控
- 物流建模与仿真*
- 物流系统运作
- 邮政和邮件运输*

模块 11：智能运输系统

一级知识点主要有：
- 智能运输系统概述
- 智能运输系统基础支撑技术
- 智能运输系统体系框架
- 智能运输系统规划
- 智能运输系统设计与实施
- 智能运输系统评价
- 综合智能运输系统
- 智能运输系统新技术

模块 12：交通运输技术发展趋势*

一级知识点主要有：
- 交通基础设施智能化
- 交通信息精准获取与运行态势智能解析
- 载运工具、设施、环境智能协同
- 交通系统协调运行智能管控
- 移动互联环境下交通信息综合智能服务
- 综合交通枢纽协同运行与服务
- 多方式联运及综合运输一体化
- 综合交通运输安全风险防控

第三节　交通运输专业学位知识体系

依据交通运输专业学位的内涵,根据交通运输专业学位研究生培养要求和目标达成,探索构建交通运输专业学位的知识体系。按照由高到低、由粗到细、由整体到局部的思路,形成一级知识点、二级知识点和三级知识点,各层级相对独立,层级间彼此包含,具有整体性、层次性、自主性、开放性、生长性、特色性等特点。三级知识分别形成树干、树枝和树叶,共同构成交通运输专业学位知识的大树。

交通运输专业学位知识点共划分为 12 个模块,12 个模块包括 85 个一级知识点。每个一级知识点下,又有若干二级知识点。知识体系共细化为 518 个二级知识点,其中 63 个二级知识点为拓展性知识点,可供培养单位进行拓展和补充。

交通运输专业学位知识体系如下:

模块 1:交通运输的内涵、作用、发展历程与未来趋势

1. 交通运输的内涵与性质(一级知识点)

2. 交通运输系统的构成(一级知识点)

二级知识点主要有:
- 交通运输线路
- 交通运输站场
- 载运工具
- 运输管理和控制系统
- 设施管理系统
- 交通运输信息

3. 交通运输系统发展历程(一级知识点)

二级知识点主要有:
- 国际交通运输系统发展历程
- 我国交通运输系统的建设与发展

4. 交通运输在国民经济中的地位和作用(一级知识点)

二级知识点主要有:
- 交通运输在国民经济中的地位
- 交通运输在国家安全中的作用

5. 各种运输方式的技术经济特征及其适用条件（一级知识点）

二级知识点主要有：
- 送达速度
- 运输成本
- 投资水平
- 运输能力
- 能源消耗
- 运输通用性和机动性
- 环境影响
- 不同运输方式的适用性

6. 交通运输系统的发展趋势（一级知识点）

二级知识点主要有：
- 交通运输系统发展新理念
- 综合交通
- 绿色交通
- 智慧交通
- 平安交通
- 新型交通载运工具
- 我国交通运输行业发展政策

模块 2：交通运输需求与运输量

1. 交通运输需求特征（一级知识点）

二级知识点主要有：
- 交通运输需求的基本特征
- 旅客运输需求特征
- 货物运输需求特征

2. 交通运输需求主要影响因素（一级知识点）

二级知识点主要有：
- 经济发展水平及产业结构
- 城市化水平与城镇体系布局

- 交通运输业发展状况
- 居民人均收入
- 运价水平
- 运输方式间的替代因素
- 旅游业发展

3. 交通运输需求弹性分析（一级知识点）

二级知识点主要有：
- 运输需求弹性概念
- 货运需求价格弹性
- 客运需求价格弹性
- 交通运输需求变化一般规律

4. 交通运输需求与运输量预测（一级知识点）

二级知识点主要有：
- 综合运输需求预测
- 运输需求与运输量
- 铁路运输量预测
- 公路运输量预测
- 航空运输量预测
- 内河运输量预测
- 远洋运输量预测
- 管道运输量预测
- 城市交通需求预测
- 交通运输需求预测软件与仿真
- 运输需求与运输量预测新技术*

模块 3：交通运输系统规划

1. 交通运输系统规划概述（一级知识点）

二级知识点主要有：
- 交通运输系统规划的分类与层次

---

* 内容为拓展性知识点。

- 交通运输系统规划的目的与任务
- 交通运输系统规划的环境与条件
- 交通运输系统规划的内容及要求

2. 交通运输系统规划原理和方法（一级知识点）

二级知识点主要有：
- 交通运输系统规划基础理论
- 交通运输系统规划方法
- 交通运输系统规划流程
- 交通运输系统规划基础信息获取

3. 综合运输规划（一级知识点）

二级知识点主要有：
- 综合运输发展政策
- 综合运输结构规划
- 综合运输网络规划
- 综合运输通道规划
- 综合运输枢纽规划
- 综合运输规划评价

4. 交通运输系统专项规划（一级知识点）

二级知识点主要有：
- 轨道交通运输规划
- 公路交通运输规划
- 航空运输规划
- 水路运输规划
- 管道运输规划
- 其他交通运输专项规划
- 城市交通规划与"多规合一"
- 交通运输系统规划规范与技术标准

5. 交通运输系统规划新技术*（一级知识点）

二级知识点主要有：
- 信息化条件下的居民出行特征获取技术

- 基于移动互联大数据的交通调查与运行特征分析方法
- 基于地理空间分析的交通(运输)需求分析技术
- 交通运输规划决策支持系统

模块 4：轨道运输系统

1. 轨道运输系统概况(一级知识点)

二级知识点主要有：
- 轨道运输技术经济特征
- 轨道运输系统组成
- 轨道运输发展方向
- 我国轨道运输发展政策

2. 轨道交通基础设施(一级知识点)

二级知识点主要有：
- 轨道结构
- 轨道结构力学分析
- 轨道几何形位
- 轨道限界
- 轨道交通的振动与噪声
- 轨道交通设施绿色建造
- 轨道交通设施建设项目安全评价
- 轨道交通基础设施设计与建造规范
- 轨道交通基础设施工程新材料与新技术*

3. 轨道交通场站(一级知识点)

二级知识点主要有：
- 场站类型
- 中间站
- 区段站
- 编组站
- 客运站
- 货运站

4. 轨道交通运输设备（一级知识点）

二级知识点主要有：
- 轨道信号与通信
- 列车自动控制系统
- 铁路机车
- 铁路车辆
- 高速列车
- 重载列车
- 磁浮列车
- 轨道交通运输设备可靠性
- 轨道交通运输设备故障诊断
- 轨道交通运输设备维护与更新
- 轨道交通运输设备设计与使用规范
- 轨道交通运输新设备*

5. 轨道运输组织（一级知识点）

二级知识点主要有：
- 轨道通过能力
- 区间通过能力
- 铁路机车车辆运用计划
- 旅客运输组织
- 货物运输组织
- 车站工作组织
- 高速铁路列车运行组织
- 动车组运行组织
- 轨道运行仿真与辅助决策
- 轨道运输组织效益评价
- 轨道运输组织规范
- 轨道运输组织新技术*

6. 轨道交通运行控制（一级知识点）

二级知识点主要有：
- 列车编组

- 列车运行图
- 列车运行调度
- 行车指挥自动化
- 轨道交通运行控制规范
- 轨道交通运行控制新技术*

7．城市轨道交通系统（一级知识点）

二级知识点主要有：
- 城市轨道交通系统的组成
- 城市轨道交通运输能力
- 城市轨道交通线路
- 城市轨道交通车站
- 城市轨道交通车辆
- 城市轨道交通供电及其他设备系统
- 城市轨道交通运输组织
- 城市轨道交通信号与控制系统
- 城市轨道交通系统运行规范
- 城市轨道交通新技术*

8．其他轨道交通系统（一级知识点）

二级知识点主要有：
- 市域（郊）铁路
- 单轨交通
- 现代有轨电车系统
- 磁悬浮交通*

9．轨道运输安全（一级知识点）

二级知识点主要有：
- 轨道运输事故特征与分级
- 轨道运输事故影响因素与致因分析
- 轨道车辆驾驶与操作人员资质管理
- 轨道运输环境条件安全管理
- 轨道运输安全监控
- 轨道运输安全评价

- ■ 轨道运输事故应急救援
- ■ 轨道运输安全风险防控
- ■ 轨道运输安全法规与技术规范
- ■ 轨道运输安全新技术*

模块 5：道路运输系统

1. 道路运输系统概况（一级知识点）

二级知识点主要有：

- ■ 道路运输技术经济特征
- ■ 道路运输系统组成
- ■ 道路运输发展方向
- ■ 我国道路运输发展政策

2. 道路交通基础设施（一级知识点）

二级知识点主要有：

- ■ 道路几何设计
- ■ 道路路基路面结构设计
- ■ 道路排水设计
- ■ 道路绿色建造
- ■ 道路检测技术
- ■ 道路养护管理
- ■ 道路运输场站
- ■ 道路交通设施建设项目安全评价
- ■ 道路交通基础设施服役性能智能监测
- ■ 道路设施建设与管理规范
- ■ 道路交通基础设施工程新材料与新技术*

3. 汽车与道路运输设备（一级知识点）

二级知识点主要有：

- ■ 汽车分类及主要技术性能
- ■ 汽车利用效率
- ■ 汽车主、被动安全
- ■ 汽车舒适性技术

- 汽车节能与环保
- 汽车电子技术
- 新能源汽车
- 汽车故障诊断与可靠性
- 汽车维护与更新
- 汽车技术发展趋势*

4. 公路运输组织与管理(一级知识点)

二级知识点主要有:
- 公路旅客运输组织
- 公路货物运输组织
- 枢纽与场站运输组织
- 公路运输市场管理
- 公路运输服务质量
- 道路运输组织规范
- 道路运输组织新技术*

5. 城市道路交通系统(一级知识点)

二级知识点主要有:
- 城市道路交通基础设施
- 城市道路交通需求
- 居民出行方式及其结构
- 道路通行能力与服务水平
- 城市公共交通系统
- 城市道路交通运行组织
- 城市交通系统管理
- 城市交通需求管理
- 道路交通标志与标线
- 城市道路交通设计
- 城市静态交通
- 城市道路交通系统规范
- 城市道路交通系统发展新趋势*

6. 道路交通系统建模与仿真（一级知识点）

二级知识点主要有：
- 仿真建模方法
- 微观建模与仿真
- 中观建模与仿真
- 宏观建模与仿真
- 交通系统仿真系统与软件

7. 道路交通系统控制（一级知识点）

二级知识点主要有：
- 高速公路交通控制
- 道路交叉口信号控制
- 公交优先信号控制
- 道路交通运行仿真
- 道路交通系统控制规范
- 道路交通系统控制新技术*

8. 道路交通安全（一级知识点）

二级知识点主要有：
- 道路交通事故特征与分级
- 道路交通事故致因分析与事故再现
- 道路交通安全建模与预测
- 道路交通安全评价
- 道路交通安全监控
- 道路交通安全风险防控与事故预防
- 道路交通事故应急救援
- 道路交通运输安全法规与技术规范
- 道路交通安全新技术*

模块 6：水路运输系统

1. 水路运输系统概况（一级知识点）

二级知识点主要有：

- 水路运输技术经济特征
- 水路运输系统的组成
- 水路运输发展方向
- 我国水路运输发展政策

2．水路运输基础设施（一级知识点）

二级知识点主要有：
- 工程水文气象
- 港口水域设施
- 港口陆上设施
- 码头建筑物
- 航道与航标
- 航道与港口通过能力
- 港口与航道绿色建造
- 水运基础设施服役状态智能监测
- 港口与航道工程建设项目安全评价
- 水运设施建设与管理规范
- 水运基础设施工程新材料与新技术*

3．船舶与水路运输设备（一级知识点）

二级知识点主要有：
- 船舶分类及主要技术性能
- 船舶设备与装置
- 船舶交通流
- 船舶故障诊断与可靠性
- 船舶的节能环保
- 船舶维护与更新
- 新型船舶*

4．水路运输组织（一级知识点）

二级知识点主要有：
- 船舶运输组织基本要求
- 航线设置与配船
- 班轮运输组织

- 不定期船运输组织
- 轮驳船队运输组织
- 邮轮运行组织
- 船舶营运指标
- 港口装卸组织
- 港口营运指标
- 远洋运输
- 国际航运
- 水运资源合理开发利用
- 水路运输组织规范
- 水路运输组织新技术*

5. 水运交通管理与控制（一级知识点）

二级知识点主要有：
- 船舶运行组织及航次
- 海图与航线
- 船舶进出港口管理
- 船舶交通管理系统
- 船舶定位与导航
- 水路交通运行仿真
- 水运系统管理与控制规范
- 水路交通控制新技术*

6. 水路运输安全（一级知识点）

二级知识点主要有：
- 水路运输事故特征与分级
- 水运事故影响因素与致因分析
- 水运安全评价
- 水运安全监控
- 船舶避碰
- 全球海上遇险与安全系统
- 船舶自动识别系统
- 船舶航行警告与遇险报警
- 特种货物与危险货物运输管理

- 水上搜救与事故应急救援
- 水路运输安全法规与技术规范
- 水运安全新技术 *

模块 7：航空运输系统

1. 航空运输系统概况（一级知识点）

二级知识点主要有：
- 航空运输技术经济特征
- 航空运输系统组成
- 航空运输发展方向
- 我国航空运输发展政策

2. 航空运输基础设施（一级知识点）

二级知识点主要有：
- 运输机场选址与布局
- 通用机场规划与设计
- 机场空侧设施
- 机场陆侧设施
- 航空运输基础设施服役性能智能监测
- 航空运输基础设施建设与管理规范
- 航空运输基础设施工程新材料与新技术 *

3. 航空飞行器（一级知识点）

二级知识点主要有：
- 飞机组成及飞行原理
- 巡航速度和航程
- 飞机尺寸和旅客容量
- 飞机质量和跑道长度
- 航空器故障诊断与可靠性
- 航空飞行器的节能环保
- 民用飞机适航管理
- 航空飞行器的维护与更新
- 新型航空飞行器 *

4. 航空运输组织（一级知识点）

二级知识点主要有：
- 航空运输生产体系
- 航空客运
- 航空货运
- 航线网布局
- 航班计划
- 航班机型调配
- 国际航空运输
- 通用航空
- 机场运营
- 航空运输组织规范
- 航空运输组织新技术*

5. 航空交通控制和管理（一级知识点）

二级知识点主要有：
- 空域管理和空中交通流量控制
- 飞行规则
- 航路和空中交通间隔
- 空中交通管制
- 航路助航设备
- 航站助航设备
- 目视助航设备
- 航空气象
- 航空交通控制与管理规范
- 航空交通控制新技术*

6. 航空运输安全（一级知识点）

二级知识点主要有：
- 航空交通事故特征与分级
- 航空运输安全主要影响因素
- 航空器自动化与安全保障
- 飞行安全地面保障

- 飞行安全管理
- 航空运输事故应急救援
- 航空运输安全监控
- 航空运输安全评价
- 航空运输安全风险防控
- 航空运输安全法规与技术规范
- 航空安全保障新技术*

模块 8：管道运输系统

1. 管道运输系统概况（一级知识点）

二级知识点主要有：
- 管道运输技术经济特征
- 管道运输系统组成
- 管道运输发展方向
- 我国管道运输发展政策

2. 管道运输系统设施与设备（一级知识点）

二级知识点主要有：
- 输油管道
- 输气管道
- 矿场油气集输管道
- 固体物料浆体管道
- 城市燃气管网
- 管材与制管
- 管道走向原则
- 管道路由选择
- 油气管道施工
- 管道运输设施服役性能智能监测
- 管道运输基础设施建设与管理规范
- 管道运输基础设施工程新材料与新技术*

3. 管道输送（一级知识点）

二级知识点主要有：
- 输油管道输送工艺

- 输气管道输送工艺
- 矿场油气集输管道输送工艺
- 固体物料浆体管道输送工艺
- 油气管道输送关键设备
- 管道输送新技术*

4. 管道运输运行控制与管理（一级知识点）

二级知识点主要有：
- 输油管道工况调节
- 输气管道工况调节
- 输油管道水击及控制
- 清管
- 管道流体计量
- 管道通信
- 管道运输运行调控规范
- 管道运输运行调控新技术*

5. 管道运输安全（一级知识点）

二级知识点主要有：
- 管道运输事故特征与分级
- 管道运输安全主要影响因素
- 管道监控
- 管道泄漏检测
- 管道维修与抢修
- 站库安全
- 管道运输事故应急救援
- 管道运输安全评价
- 管道运输安全风险防控
- 管道运输安全法规与技术规范
- 管道运输安全新技术*

模块 9：综合交通运输

1. 综合交通运输概述（一级知识点）

二级知识点主要有：

- 综合交通运输与生产力布局
- 综合交通运输结构
- 综合交通运输效率
- 综合交通运输资源优化配置
- 综合交通运输发展方向
- 我国综合交通运输发展政策

2. 运输方式的合理配置与协调（一级知识点）

二级知识点主要有：
- 多种运输方式合理配置
- 各种运输方式协调发展

3. 综合交通运输枢纽（一级知识点）

二级知识点主要有：
- 综合交通运输枢纽的特征、功能和分类
- 综合交通运输枢纽布局的影响因素和发展条件
- 综合交通运输枢纽规划设计标准与规范

4. 综合交通运输组织（一级知识点）

二级知识点主要有：
- 综合交通运输组织系统构成
- 综合交通运输组织内容与程序
- 综合交通运输中结合部组织管理
- 客、货运枢纽运行组织管理

5. 多式联运（一级知识点）

二级知识点主要有：
- 多式联运构成要素
- 多式联运组织方式
- 多式联运业务运行机制
- 国际货物多式联运
- 国际多式联运业务
- 多方式旅客联合运输
- 多式联运信息化

6. 运输市场（一级知识点）

二级知识点主要有：
- 运输市场
- 运输市场营销基本原理
- 运输服务质量及测定
- 运输产品

7. 运输经济（一级知识点）

二级知识点主要有：
- 运输经济效果
- 运输成本、空间因素与区位理论
- 运输成本与服务定价
- 运输业投融资
- 城市交通问题经济学分析*

8. 综合交通运输系统评价（一级知识点）

二级知识点主要有：
- 综合交通运输系统技术评价
- 综合交通运输系统经济评价
- 综合交通运输系统社会评价
- 综合交通运输体系协调发展评价
- 综合交通运输系统综合评价

9. 综合交通运输政策（一级知识点）

二级知识点主要有：
- 交通运输政策的概念与作用
- 综合交通运输政策演变过程
- 影响交通运输政策制定的因素
- 交通运输经济政策和技术政策

模块 10：物流技术工程

1. 物流技术工程概述（一级知识点）

二级知识点主要有：

- 现代物流系统
- 物流技术工程体系构架
- 现代物流发展趋势
- 物流产业政策

2. 物流系统规划与设施(一级知识点)

二级知识点主要有:
- 物流系统模式与组织系统
- 物流网络与选址规划
- 物流设施布置与设计
- 物流节点

3. 物流运输与配送技术(一级知识点)

二级知识点主要有:
- 物流运输方式
- 集疏运调度
- 物流线路
- 物流运输优化技术
- 配送设备
- 物流运输与配送新技术*

4. 仓储与库存(一级知识点)

二级知识点主要有:
- 货物包装
- 仓储设施
- 仓储业务流程
- 仓储管理与优化技术
- 库存控制
- 现代物流仓储的发展趋势

5. 物料搬运与装卸(一级知识点)

二级知识点主要有:
- 物料搬运与装卸设备及器具
- 物料搬运与装卸系统分析设计

6. **物流信息技术**（一级知识点）

二级知识点主要有：
- 物流信息分类编码
- 条码技术
- 射频识别技术
- 电子数据交换技术
- 物流信息技术标准
- 物流信息系统

7. **物流标准化**（一级知识点）

二级知识点主要有：
- 物流标准化的种类与内容
- 物流标准化方法
- 物流标准化的技术标准

8. **物流安全与监控**（一级知识点）

二级知识点主要有：
- 物流实时监控跟踪
- 物联网技术
- 物流安全与监控新技术 *

9. **物流建模与仿真** *（一级知识点）

二级知识点主要有：
- 离散事件系统仿真方法
- 随机数及其在物流仿真中的应用
- 库存系统模拟
- 物流系统建模与仿真

10. **物流系统运作**（一级知识点）

二级知识点主要有：
- 国际联运与陆桥运输
- 集装箱物流
- 多式联运物流

- 保税物流
- 大宗散货物流

11. 邮政和邮件运输*（一级知识点）

二级知识点主要有：
- 邮政业务及邮件流程
- 邮政运输网络
- 邮政作业设备的自动化与智能化

模块 11：智能运输系统

1. 智能运输系统概述（一级知识点）

二级知识点主要有：
- 智能运输系统发展历程
- 智能运输技术现状及趋势
- 智能运输系统构成及作用

2. 智能运输系统基础支撑技术（一级知识点）

二级知识点主要有：
- 交通信息检测技术
- 交通信息传输技术
- 交通信息存储技术
- 交通信息处理技术
- 交通信息标准化技术
- 交通数据挖掘技术
- 交通信息发布技术
- 地理信息技术
- 导航与定位技术
- 交通运行态势智能解析技术
- 交通系统运行调控技术

3. 智能运输系统体系框架（一级知识点）

二级知识点主要有：
- 智能运输系统体系框架

- 智能运输系统逻辑框架
- 智能运输系统物理框架
- 智能运输系统用户服务
- 智能运输系统标准规范

4. 智能运输系统规划（一级知识点）

二级知识点主要有：
- 智能运输系统规划主要内容
- 智能运输系统规划流程
- 智能运输系统规划方法
- 智能运输系统规划规范与标准

5. 智能运输系统设计与实施（一级知识点）

二级知识点主要有：
- 智能运输系统设计主要内容
- 智能运输系统设计流程
- 智能运输系统设计要点
- 智能运输系统设计规范与技术标准
- 智能运输系统实施和应用

6. 智能运输系统评价（一级知识点）

二级知识点主要有：
- 智能运输系统评价原则与目标
- 智能运输系统的评价指标体系
- 智能运输系统评价方法

7. 综合智能运输系统（一级知识点）

二级知识点主要有：
- 轨道智能运输系统
- 道路智能运输系统
- 水路智能运输系统
- 航空智能运输系统
- 智能物流系统

8. 智能运输系统新技术（一级知识点）

二级知识点主要有：
- 交通大数据分析技术
- 物联网技术
- "互联网＋"技术
- 自动驾驶技术
- 北斗定位导航技术
- 人工智能技术

模块 12：交通运输技术发展趋势[*]

1. 交通基础设施智能化（一级知识点）

二级知识点主要有：
- 交通基础设施服役状态精准感知技术
- 交通基础设施全生命周期健康性能监测
- 交通基础设施协同服役性能智能感知、状态研判、预警处置一体化

2. 交通信息精准获取与运行态势智能解析（一级知识点）

二级知识点主要有：
- 交通信息精准获取与智能感知
- 面向需求的交通信息融合分析
- 大规模交通系统运行态势演化分析

3. 载运工具、设施、环境智能协同（一级知识点）

二级知识点主要有：
- 载运工具、作业装备智能化
- 载运工具、设施、环境协同运行与调控
- 车路（船岸）协同系统集成应用

4. 交通系统协调运行智能管控（一级知识点）

二级知识点主要有：
- 交通系统时空资源优化配置和运行调控
- 多模式综合交通系统协同控制

■ 交通运行智能管控和出行信息主动服务

5. 移动互联环境下交通信息综合智能服务（一级知识点）

二级知识点主要有：
■ 交通信息服务的共享与交互
■ 交通信息服务内容的智能优化
■ 交通信息服务资源的优化配置

6. 综合交通枢纽协同运行与服务（一级知识点）

二级知识点主要有：
■ 城市群多枢纽协同运行
■ 枢纽多方式交通协同运行组织与高效服务
■ 大型港口货运场站接驳转运系统的智能化

7. 多方式联运及综合运输一体化（一级知识点）

二级知识点主要有：
■ 多式联运资源的智能优化配置与智能集成
■ 物流全程数字化
■ 多模式智慧出行服务

8. 综合运输安全风险防控（一级知识点）

二级知识点主要有：
■ 综合交通网络运行态势主动辨识与风险防控
■ 基于人因工程的交通系统安全提升
■ 交通运输安全事故应急搜救与仿真

第四章 交通运输专业学位研究生
核心课程指南

核心课程指南是专业学位核心知识点课程化的具体体现,核心课程指南和专业学位知识体系的构建思路基本一致。它们的区别在于,专业学位知识体系注重整体性、系统性、层次性,课程指南则更有针对性、操作性。

2018 年,全国交通运输工程领域研究生教育协作组组织了交通运输专业学位研究生核心课程指南的编写工作。在国内外高校课程调研的基础上,先后组织了多次研讨并进行三轮广泛的意见征求,经过不断完善,形成了交通运输专业学位《研究生核心课程指南》。该指南的作用在于其指导性,各培养单位可依据核心课程指南结合各自的实际设置核心课程。

第一节 交通运输专业学位《研究生核心课程指南》通则

为了更好地供各交通运输专业学位(以下简称"本学位")研究生培养单位(以下简称"培养单位")使用《研究生核心课程指南》(以下简称《指南》),制订《指南》通则如下:

一、《指南》旨在明确知识单元、构建专业知识体系、培养工程技能。《指南》重在课程教学内容、教学方法的指导性而非强制性。

二、各培养单位应以本学位研究生基础知识课程为支撑、专业核心课程为骨干、选修课程为补充,构建体现培养单位优势与特色的交通运输专业学位研究生课程体系。

三、根据交通运输专业学位的特点,《指南》围绕交通运输的主要方式(轨道、道路、航空、水路、管道)、主要方面(规划、建设、管理、控制、安全等)和主要方向(基础设施、载运工具、综合运输、物流技术、智能运输等)构建专业核心课程体系。各培养单位可以根据自身的特色与优势,重点选择某种运输方式为对象组织知识单元,形成课程,并进行课程讲授。

四、各培养单位可以根据研究生的具体培养方向,差别化、个性化地从核心课程指南中选择一定数量的核心课程,有特色地构建本单位交通运输专业学位研究生的课程体系。

五、各培养单位可以根据核心课程的知识体系,结合工程技术研究和工程实践应用的需要,对核心课程的名称进行微调,对核心课程的具体知识单元进行细化、深化、拓展和补充。

六、核心课程的授课方式包括课堂授课、研讨、课程实验等多种形式,教学过程中应安排一定学时邀请企业(行业)专家进行案例教学,并开展案例库、课程资源库的建设与持续更新。鼓励采用传统课堂学习与在线学习相融合的混合式教学方法。

七、核心课程宜采取涵盖课堂讨论、期末考试、课程作业、课程实验、课程报告等多种形式的成绩综合评定方法,不同形式的成绩权重比例,可由各培养单位具体考量设定。

第二节　《交通运输导论》课程指南

一、课程概述

本课程主要介绍各种运输方式的运输设施规划、建设、运营、管理的基础理论与方法,涵盖轨道、道路、水路、航空、管道五种运输方式的系统组成及设施、设备与载运工具、运输信息管理与运行控制、综合运输系统规划设计、运输生产组织和运营管理等基本知识,具有综合性、系统性、应用性等特征;介绍交通运输系统随着大数据、物联网、人工智能等技术的不断进步,向安全、高效、绿色、智能、集成等方向不断发展的趋势;介绍国内外交通运输系统的最新发展动态。

本课程建议不少于 2 学分。

二、先修课程

无。

三、课程目标

构建交通运输系统的知识架构,培养建立专业兴趣;掌握本专业的基本概念,了解本专业的基本理论、基本方法和基本技能。

四、授课方式

建议授课方式包含课堂授课和专题研讨等,应安排一定学时邀请行业专家结合案例进行授课。

根据专业学位研究生的培养要求和现代教学手段的不断发展,鼓励采用传统课堂学习与在线学习相融合的混合式教学方法。

五、课程内容

本课程重点讲授轨道、道路、水路、航空、管道五大运输方式的系统组成、设施设备构成、设施能力、运输工具、信息管理与控制、系统规划设计、生产组织和管理等基本知识单元;介绍交通运输行业政策、法规与标准体系以及交通运输发展新趋势等拓展知识单元(见图 4-1)。

1. 绪论

主要介绍交通运输系统的构成与特性,轨道运输、道路运输、水路运输、航空运输和管道运输五大运输方式的技术经济特征与适用范围等方面的知识点;介绍我国交通运输发展历史沿革、交通运输工程的发展现状与趋势以及交通运输工程的重点研究方向和技术发展趋势。

2. 轨道运输系统

主要介绍轨道交通运输系统组成,普速铁路、高速铁路、重载铁路、城际铁路、市域(郊)铁路、城市轨道、现代有轨电车等轨道交通系统的设施构成、设施能力、运输工具以及轨道交通管理与控制等知识点;介绍我国轨道运输系统技术现状以及国际轨道运输系统新技术。

2.1 轨道运输系统概况

2.2 轨道运输设施与设备

2.3 轨道运输组织与安全

2.4 高速铁路与重载运输

2.5 城际铁路与市域(郊)铁路

2.6 城市轨道交通系统

2.7 轨道运输系统新技术

3. 道路运输系统

主要介绍道路交通运输系统组成,公路与城市道路运输系统的设施构成、设施能力、运输工具以及道路交通管理与控制等知识点;介绍我国道路运输系统技术现状以及国际道路运输系统新技术。

3.1 道路运输系统概况

3.2 道路运输设施与设备

2. 轨道运输系统		3. 道路运输系统		4. 水路运输系统		5. 航空运输系统		6. 管道运输系统	
2.1	轨道运输系统概况	3.1	道路运输系统概况	4.1	水路运输系统概况	5.1	航空运输系统概况	6.1	管道运输系统概况
2.2	轨道运输设施与设备	3.2	道路运输设施与设备	4.2	水路运输基础设施	5.2	航空运输系统设施与设备	6.2	管道运输系统设施与设备
2.3	轨道运输组织与安全	3.3	道路运输组织与安全	4.3	水路运输载运工具	5.3	航空运输组织与安全	6.3	管道运输运行调控与输送安全
2.4	高速铁路与重载运输	3.4	公路交通运输	4.4	水路运输组织与安全	5.4	通用航空	6.4	管道运输系统新技术
2.5	城际铁路与市域（郊）铁路	3.5	城市道路交通	4.5	远洋运输与国际航运	5.5	航空运输系统新技术		
2.6	城市轨道交通系统	3.6	道路运输系统新技术	4.6	水路运输系统新技术				
2.7	轨道运输系统新技术								

1. 绪论

7. 交通运输行业政策、法规与标准体系		8. 交通运输发展新趋势	
7.1	我国交通运输行业政策	8.1	交通运输系统发展新理念
7.2	我国交通运输法律法规	8.2	新型交通载运工具
7.3	我国交通运输主要行业标准体系	8.3	智能交通运输系统
		8.4	深地、深空、深海等空间交通运输发展趋势

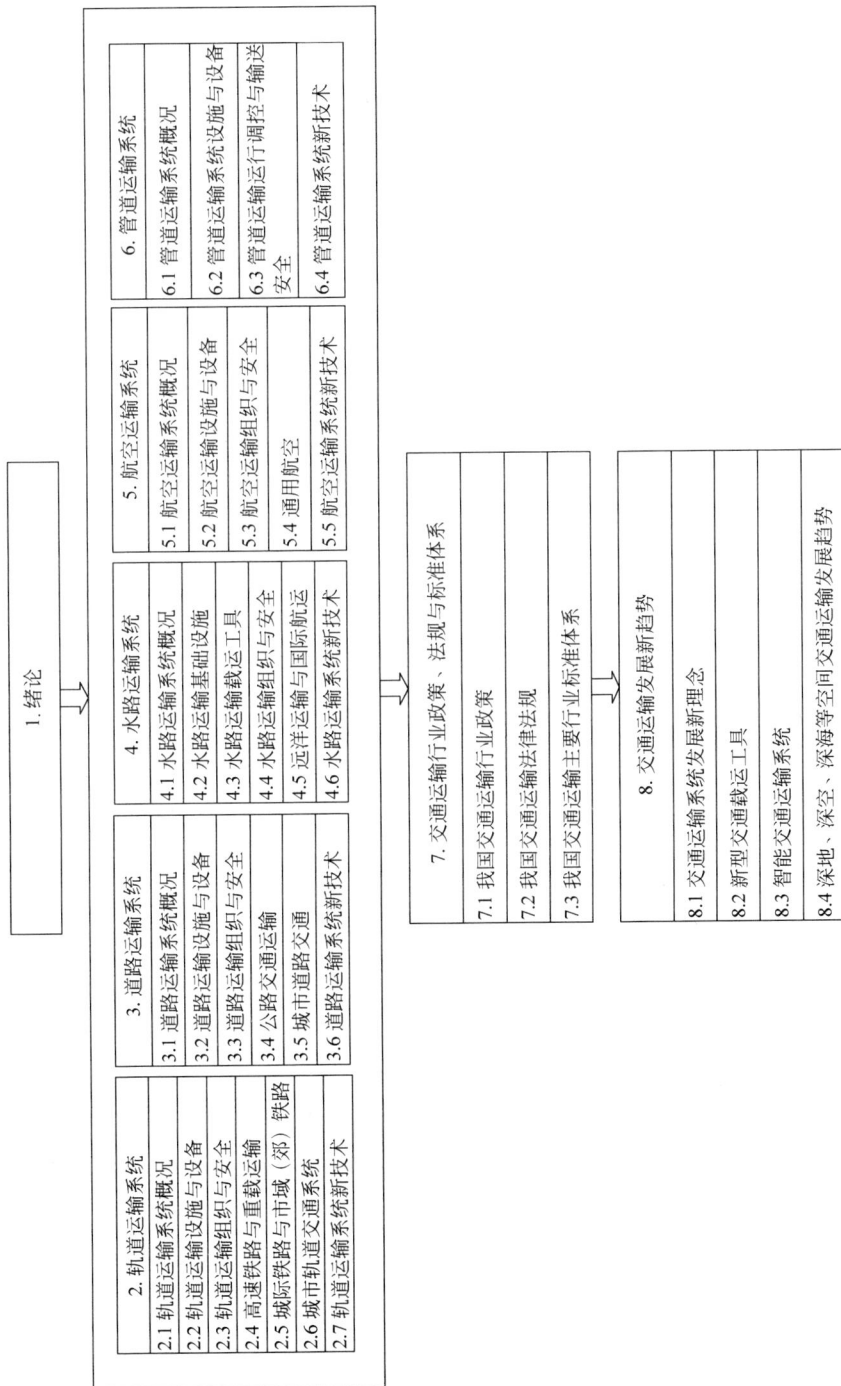

图 4-1　《交通运输导论》课程内容结构

　　3.3　道路运输组织与安全

　　3.4　公路交通运输

　　3.5　城市道路交通

　　3.6　道路运输系统新技术

4．水路运输系统

　　主要介绍水路运输系统组成，水路运输系统的设施构成、设施能力、运输工具、远洋运输及水运交通管理与控制等知识点；介绍我国水路运输系统技术现状以及国际水路运输系统新技术。

　　4.1　水路运输系统概况

　　4.2　水路运输基础设施

　　4.3　水路运输载运工具

　　4.4　水路运输组织与安全

　　4.5　远洋运输与国际航运

　　4.6　水路运输系统新技术

5．航空运输系统

　　主要介绍航空运输系统组成，航空运输系统的设施构成、设施能力、运输工具及空中交通管理等知识点；介绍我国航空运输系统技术现状以及国际航空运输系统新技术。

　　5.1　航空运输系统概况

　　5.2　航空运输设施与设备

　　5.3　航空运输组织与安全

　　5.4　通用航空

　　5.5　航空运输系统新技术

6．管道运输系统

　　主要介绍管道运输系统组成，管道运输系统的设施构成、设施能力、运输工具等知识点；介绍我国管道运输系统技术现状以及国际管道运输系统新技术。

　　6.1　管道运输系统概况

　　6.2　管道运输系统设施与设备

　　6.3　管道运输运行调控与输送安全

　　6.4　管道运输系统新技术

7. 交通运输行业政策、法规与标准体系

主要介绍我国不同阶段的交通运输行业发展政策,现行的交通运输法律、法规以及主要行业标准、规范。

7.1 我国交通运输行业政策

7.2 我国交通运输法律法规

7.3 我国交通运输主要行业标准体系

8. 交通运输发展新趋势

主要介绍交通运输向安全、高效、绿色、智能、集成发展的新理念,载运工具、控制系统的变革以及大数据、人工智能、智慧交通、车联网、新能源汽车、无人驾驶、现代物流、先进轨道交通、新型载运工具等新技术发展趋势等知识点。

8.1 交通运输系统发展新理念

8.2 新型交通载运工具

8.3 智能交通运输系统

8.4 深地、深空、深海等空间交通运输发展趋势

各培养单位可根据自身的优势与特色,结合课程主要知识单元,突出某种运输方式进行讲授。

六、考核要求

本课程建议采取涵盖课堂讨论、期末考试、课程作业、课程报告等多种形式的综合成绩评定方法。课堂讨论通过课堂师生互动引导学生积极主动思考、提高交流技能;期末考试重点在于考查学生对基础知识体系的掌握情况;课程作业要求学生独立完成,重点考查学生的综合应用能力。

课堂讨论、期末考试、课程作业、课程报告等成绩权重比例,由各培养单位具体考量设定。

第三节　《交通基础设施工程》课程指南

一、课程概述

本课程主要介绍交通基础设施的设计、建设、管理与养护的基础理论与关键技术、方法,涵盖轨道、道路、航空、水路、管道五种运输方式的系统组成、设施设计方法与技术规范、专业软件使用等知识点,了解交通基础设施工程方面的技术

前沿及最新发展动态。

本课程建议不少于 2 学分。

二、先修课程

交通运输导论、力学类、有限元方法等。

三、课程目标

培养学生掌握某种交通基础设施设计、建设、管理与养护的基础理论与关键技术,具备一定的某种交通基础设施工程的工程技术能力和管理能力。

四、授课方式

建议授课方式包含课堂讲授、实验、案例分析等,应安排一定学时邀请行业专家结合案例进行授课,并同步开展案例库、课程资源库的建设与更新。

根据专业学位研究生的培养要求和现代教学手段的不断发展,鼓励采用传统课堂学习与在线学习相融合的混合式教学方法。

五、课程内容

重点讲授轨道交通基础设施工程、道路交通基础设施工程、港口与航道基础设施工程、机场基础设施工程、管道工程等基本知识单元;介绍交通基础设施智能化等拓展知识单元(见图 4-2)。

1. 交通基础设施工程概述

主要介绍交通基础设施的构成与特性,轨道、道路、航空、水路和管道五大运输方式基础设施的技术经济特征与适用范围等知识点,交通基础设施工程的发展现状与趋势以及重点研究方向。

1.1 交通基础设施的构成与特性

1.2 交通基础设施的建设与发展

2. 轨道交通基础设施工程

主要介绍钢轨、有砟轨道和无砟轨道的结构形式和组成、道岔、轨道几何形位、轨道结构受力分析、无缝线路、铁路与城市轨道交通的振动与噪声、轨道交通基础设施绿色建造与养护技术和规范等知识点。了解铁路和城市轨道工程方面的技术前沿及最新发展动态。

1. 交通基础设施工程概述

- 1.1 交通基础设施的构成与特性
- 1.2 交通基础设施的建设与发展

2. 轨道交通基础设施工程

- 2.1 轨道结构
- 2.2 轨道结构力学分析
- 2.3 轨道几何形位
- 2.4 轨道结构施工
- 2.5 轨道交通的振动与噪声
- 2.6 铁路站场
- 2.7 轨道交通基础设施绿色设计与建造
- 2.8 轨道交通基础设施建造规范
- 2.9 轨道交通基础设施工程新材料与建设与管理规范

3. 道路交通基础设施工程

- 3.1 道路几何设计
- 3.2 路基设计原理
- 3.3 路面结构设计原理
- 3.4 沥青与水泥混凝土路面结构设计
- 3.5 道路排水设计
- 3.6 道路交通基础设施绿色建造
- 3.7 道路交通基础设施检测技术
- 3.8 道路交通基础设施设计、建造与养护管理
- 3.9 道路交通基础设施工程新材料与新技术
- 3.10 道路交通基础设施工程建设与管理规范

4. 港口与航道基础设施工程

- 4.1 工程水文气象
- 4.2 航道工程
- 4.3 港口工程
- 4.4 港口水工建筑物
- 4.5 港口与航道工程施工技术
- 4.6 港口与航道绿色建造
- 4.7 港口与航道基础设施设计、建造和养护
- 4.8 港口与航道基础设施工程新材料与新技术
- 4.9 港口与航道基础设施建设与管理规范

5. 机场基础设施工程

- 5.1 机场系统的构成
- 5.2 运输机场飞行区交通设施
- 5.3 机场飞行区交通组织与管理
- 5.4 机场航空资运设施
- 5.5 机场道面规划与设计
- 5.6 机场道面排水设计
- 5.7 通用机场规划与设计
- 5.8 机场基础设施设计、建造和养护管理技术
- 5.9 机场基础设施新材料与管理规范

6. 管道工程

- 6.1 管材与制管工艺
- 6.2 油气管道施工技术
- 6.3 油气管道输送工艺
- 6.4 油气管道输送关键设备
- 6.5 油气管道调控技术
- 6.6 油气管道输送安全技术
- 6.7 油气管道工程标准规范

7. 交通基础设施智能化

- 7.1 交通基础设施BIM技术
- 7.2 交通基础设施智能化建造
- 7.3 交通基础设施服役状况与服役性能智能检测
- 7.4 交通基础设施服役性能保全与服役性能提升技术
- 7.5 交通基础设施智能化建造与养护管理
- 7.6 交通基础设施智能化新技术

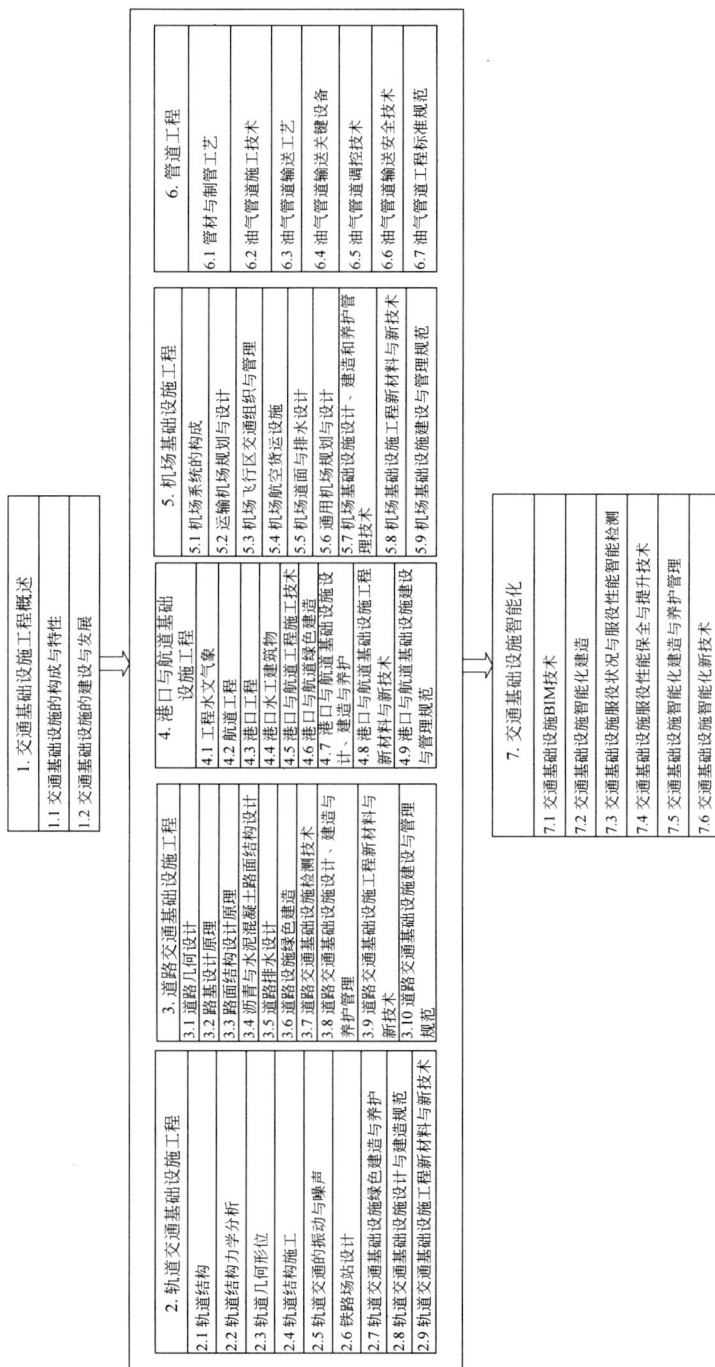

图 4-2　《交通基础设施工程》课程内容结构

2.1 轨道结构

2.2 轨道结构力学分析

2.3 轨道几何形位

2.4 轨道结构施工

2.5 轨道交通的振动与噪声

2.6 铁路场站设计

2.7 轨道交通基础设施绿色建造与养护

2.8 轨道交通基础设施设计与建造规范

2.9 轨道交通基础设施工程新材料与新技术

3．道路交通基础设施工程

主要介绍道路平、纵、横线形设计与优化、交叉口和立交设计、人行道和自行车道设计；路基、路面设计的基本原理、交通参数与结构参数、路面排水设计以及沥青路面、水泥混凝土路面应力分析，路面全寿命费用分析、路面施工及路面养护技术等知识点，了解道路交通基础设施工程的技术前沿及最新发展动态。

3.1 道路几何设计

3.2 路基设计原理

3.3 路面结构设计原理

3.4 沥青与水泥混凝土路面结构设计

3.5 道路排水设计

3.6 道路设施绿色建造

3.7 道路交通基础设施检测技术

3.8 道路交通基础设施设计、建造与养护管理

3.9 道路交通基础设施工程新材料与新技术

3.10 道路交通基础设施建设与管理规范

4．港口与航道基础设施工程

主要介绍港航工程水文气象、航道工程、港口工程、港航设计、施工、绿色建造与养护等知识点，了解港口与航道基础设施工程的技术前沿及最新发展动态。

4.1 工程水文气象

4.2 航道工程

4.3 港口工程

4.4 港口水工建筑物

4.5　港口与航道工程施工技术

4.6　港口与航道绿色建造

4.7　港口与航道基础设施设计、建造与养护

4.8　港口与航道基础设施工程新材料与新技术

4.9　港口与航道基础设施建设与管理规范

5. 机场基础设施工程

主要介绍机场选址方法以及地势设计、航站区、航站楼、目视助航设施设计，空中交通管制和通信导航系统、机场航空货运设施，机场基础设施设计、建造与养护等知识点。了解机场工程的技术前沿及最新发展动态。

5.1　机场系统的构成

5.2　运输机场规划与设计

5.3　机场飞行区交通组织与管理

5.4　机场航空货运设施

5.5　机场道面与排水设计

5.6　通用机场规划与设计

5.7　机场基础设施设计、建造和养护管理技术

5.8　机场基础设施工程新材料与新技术

5.9　机场基础设施建设与管理规范

6. 管道工程

主要针对油气管道介绍管材与制管工艺、油气管道施工关键技术、油气管道输送工艺、管道输送关键设备、管道调控技术、油气管道安全运营技术、养护技术以及相关标准规范等知识点。

6.1　管材与制管工艺

6.2　油气管道施工技术

6.3　油气管道输送工艺

6.4　油气管道输送关键设备

6.5　油气管道调控技术

6.6　油气管道输送安全技术

6.7　油气管道工程标准规范

7. 交通基础设施智能化

主要介绍交通基础设施 BIM 技术，基础设施服役性能智能感知、运行状态

实时监测,交通基础设施服役性能提升技术,交通基础设施智能化养护管理等知识点。

7.1 交通基础设施 BIM 技术

7.2 交通基础设施智能化建造

7.3 交通基础设施服役状况与服役性能智能监测

7.4 交通基础设施服役性能保全与提升技术

7.5 交通基础设施智能化建造与养护管理

7.6 交通基础设施智能化新技术

建议各培养单位根据自身的优势与特色,结合课程主要知识单元,选择某种运输方式为主进行讲授。

六、考核要求

本课程建议采取包括课堂讨论、期末考试、课程作业、课程实验、课程报告、课程设计等多种形式的综合成绩评定方法。课堂讨论通过课堂师生互动引导学生积极主动思考、提高交流技能;期末考试重点在于考查学生基础知识体系的掌握情况;课程作业、课程实验、课程设计要求学生独立完成,重点考查学生的综合应用能力。

课堂讨论、期末考试、课程作业、课程实验、课程报告、课程设计等成绩比例,由各培养单位具体考量设定。

第四节 《交通运输系统规划》课程指南

一、课程概述

本课程主要介绍综合运输网络以及轨道、道路、水路、航空、管道等不同运输方式网络及其枢纽、场站的规划原理、规划流程、规划方法及规划方案的评价技术,交通运输系统规划规范与技术标准等知识点;介绍上述规划方法在国内外交通运输系统中的应用实践;了解交通运输系统规划方面的技术前沿及最新发展动态。

本课程建议不少于 2 学分。

二、先修课程

交通运输导论、交通系统分析等。

三、课程目标

掌握交通运输系统规划的基础理论及其应用技术,树立科学的综合交通运输系统规划思想,具备一定的综合交通运输系统规划方案设计、多方案比选与优化及多目标决策的能力,能够灵活运用国家和行业相关标准、规范以及交通仿真软件、网络信息技术等解决工程实践问题。

四、授课方式

课程秉持理论与实践紧密结合的原则,在交通运输系统规划的基本原理、规划方法精讲的基础上,融入国内外交通运输规划工程实践案例介绍,并以现实的交通规划案例引导学生主动思考,开拓创新。

授课方式包含课堂授课、专题研讨和案例介绍等,应安排一定学时邀请行业专家结合案例进行授课,并同步开展案例库、课程资源库的建设与更新。

根据专业学位研究生的培养要求和现代教学手段的不断发展,鼓励采用传统课堂学习与在线学习相融合的混合式教学方法。

五、课程内容

重点讲授交通运输系统调查与数据分析、交通运输需求预测、综合交通运输规划、交通运输系统专项规划、交通运输系统规划综合评价方法等基本知识单元;介绍交通运输系统规划新技术等拓展知识单元(见图4-3)。

1. 交通运输系统规划概论

主要介绍交通运输系统规划的基本内涵、主要内容和作用,轨道、道路、水路、航空、管道等不同运输方式的规划流程与要点,规划过程中需要考虑的与区域经济社会发展规划、国土规划、城市总体规划、产业规划等主要相关规划关系等知识点。

1.1 交通运输系统规划的分类与层次

1.2 交通运输系统规划的目的与任务

1.3 交通运输系统规划的环境与条件

1.4 交通运输系统规划的内容及要求

2. 交通运输系统调查与数据分析

主要介绍交通运输系统规划基础资料收集内容,交通运输需求、供给能力、运行特征与基础数据的调查内容与方法,OD调查设计、调查方法与出行特征统计分析方法以及基于移动互联大数据的调查与数据分析方法等主要知识点。

1. 交通运输系统规划概论
1.1 交通运输系统规划的分类与层次
1.2 交通运输系统规划的目的与任务
1.3 交通运输系统规划的环境与条件
1.4 交通运输系统规划的内容及要求

2. 交通运输系统调查与数据分析
2.1 国家及区域（城市）发展战略与政策
2.2 社会经济及土地利用基础资料调查分析
2.3 交通运输设施调查与分析
2.4 起讫点调查与特征分析方法
2.5 交通（运输）量调查与特征分析方法
2.6 基于移动互联大数据的调查与数据分析方法

3. 交通运输需求预测
3.1 国民经济发展趋势分析方法
3.2 交通（运输量）生成预测
3.3 交通（运输量）分布预测
3.4 交通（运输）方式划分
3.5 交通分配预测
3.6 常用交通需求预测软件

4. 综合交通运输规划
4.1 综合交通运输规划的任务与内容
4.2 综合交通运输规划的理念与目标
4.3 综合交通运输网络规划
4.4 综合交通运输通道规划
4.5 综合交通运输枢纽规划

5. 交通运输系统专项规划
5.1 道路交通（运输）规划
5.2 轨道交通（运输）规划
5.3 航空运输规划
5.4 水路运输规划
5.5 管道运输规划
5.6 其他交通运输专项规划
5.7 城市交通规划与"多规合一"
5.8 交通运输系统规划规范与技术标准

6. 交通运输系统规划综合评价方法
6.1 综合评价工作流程
6.2 综合评价目标体系与评价指标
6.3 规划方案的综合评价方法
6.4 常用规划方案分析评价软件

7. 交通运输系统规划新技术
7.1 网络信息化环境下交通设施和居民出行特征获取技术
7.2 基于地理空间和交通大数据的交通（运输）需求分析技术
7.3 交通运输规划决策支持系统

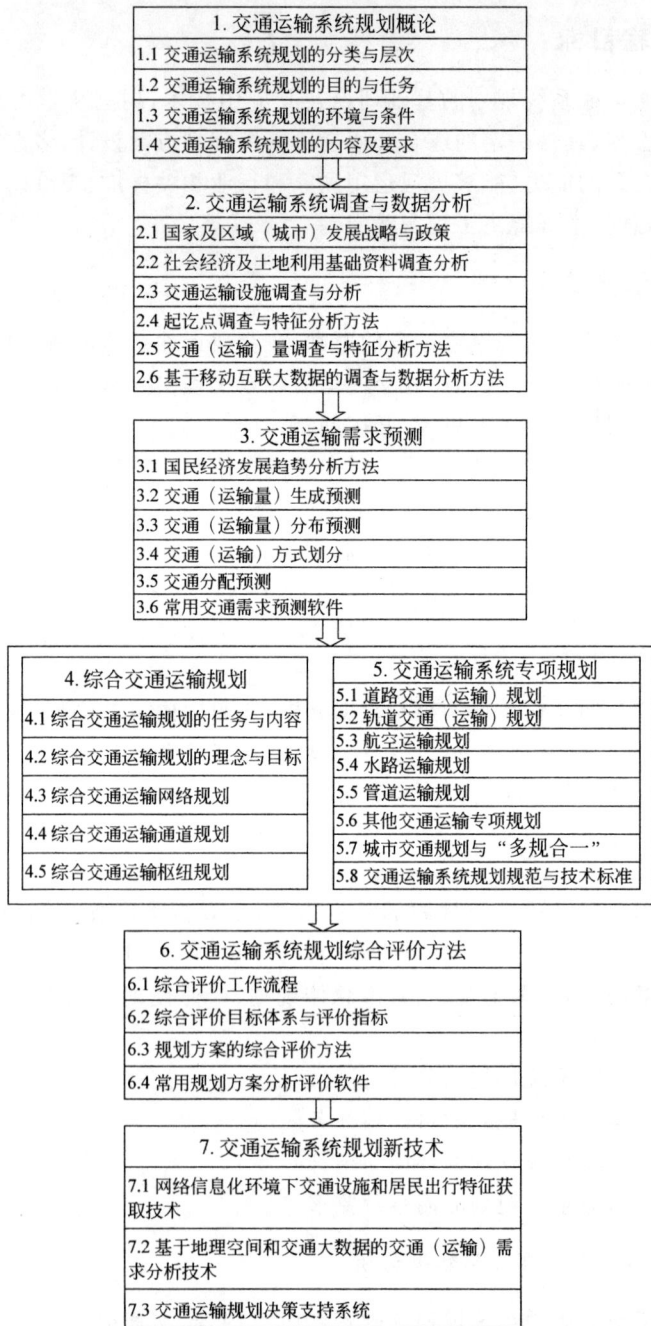

图 4-3 《交通运输系统规划》课程内容结构

　　2.1　国家及区域(城市)发展战略与政策

　　2.2　社会经济及土地利用基础资料调查分析

　　2.3　交通运输设施调查与分析

　　2.4　起讫点调查与特征分析方法

　　2.5　交通(运输)量调查与特征分析方法

　　2.6　基于移动互联大数据的调查与数据分析方法

3．交通运输需求预测

　　主要介绍国民经济发展趋势分析方法,交通运输需求预测流程,交通(运输量)生成预测、交通(运输量)分布预测、交通(运输)方式划分和交通量分配等模型算法等知识点,了解交通需求预测的最新理论模型发展趋势,具备应用交通需求预测软件的能力。

　　3.1　国民经济发展趋势分析方法

　　3.2　交通(运输量)生成预测

　　3.3　交通(运输量)分布预测

　　3.4　交通(运输)方式划分

　　3.5　交通分配预测

　　3.6　常用交通需求预测软件

4．综合交通运输规划

　　主要介绍交通运输综合规划的基本内容和要求,交通运输系统的发展方向和设施的合理规模,综合交通运输网络布局的规划方法、综合交通运输通道和枢纽布局的规划方法等主要知识点。

　　4.1　综合交通运输规划的任务与内容

　　4.2　综合交通运输规划的理念与目标

　　4.3　综合交通运输网络规划

　　4.4　综合交通运输通道规划

　　4.5　综合交通运输枢纽规划

5．交通运输系统专项规划

　　主要介绍交通运输系统各专项规划的内容、目标和要求,轨道、道路、水路、航空、管道等不同运输方式网络及其枢纽与场站的规划方案设计方法等主要知识点,熟悉交通运输发展的相关策略和措施。

　　5.1　道路交通(运输)规划

5.2　轨道交通(运输)规划

5.3　航空运输规划

5.4　水路运输规划

5.5　管道运输规划

5.6　其他交通运输专项规划

5.7　城市交通规划与"多规合一"

5.8　交通运输系统规划规范与技术标准

6．交通运输系统规划综合评价方法

主要介绍评价在交通运输系统规划中的地位与作用,综合评价工作流程,评价目标体系和评价指标体系等主要知识点,了解典型的规划方案综合评价方法。

6.1　综合评价工作流程

6.2　综合评价目标体系与评价指标

6.3　规划方案的综合评价方法

6.4　常用规划方案分析评价软件

7．交通运输系统规划新技术

主要介绍交通运输系统规划的技术发展与最新进展,进一步明晰交通运输规划的涉及内容和工程侧重点,拓展专业视野,提高工程意识、工程素质和工程实践能力。

7.1　网络信息化环境下交通设施和居民出行特征获取技术

7.2　基于地理空间和交通大数据的交通(运输)需求分析技术

7.3　交通运输规划决策支持系统

各培养单位可根据自身的优势与特色,结合课程主要知识单元,突出某种运输方式进行讲授。

六、考核要求

本课程建议采取包括课堂讨论、期末考试、课程作业、仿真实验、课程报告、课程设计等多种形式的综合成绩评定方法。课堂讨论通过课堂师生互动引导学生积极主动思考、提高交流技能;期末考试重点在于考查学生基础知识体系的掌握情况;课程作业、仿真实验、课程设计要求学生独立完成,重点考查学生的综合应用能力。

课堂讨论、期末考试、课程作业、仿真实验、课程报告、课程设计等成绩比例,由各培养单位具体考量设定。

第五节 《交通运输组织》课程指南

一、课程概述

本课程主要讲授交通运输组织的基本理论和基本方法,包括多种运输方式运输组织的基本原理、影响交通运输组织效能各个因素间的相互关系、运输基础设施分类及其运输能力计算基本原理等知识点,理解需求分析与运量预测对运输组织的指导作用。着重培养学生发现问题和解决问题以及能够计算不同类型交通线路能力与场站能力。

本课程建议不少于 2 学分。

二、先修课程

交通运输导论、运筹学等。

三、课程目标

培养系统优化的思想,掌握综合运输组织的相关理论,熟悉各种交通运输方式的组织管理方法及相互之间协调技术。

四、授课方式

课程秉持理论与实践紧密结合的原则,在运输组织的基本原理、方法精讲的基础上,融入国内外运输组织工程实践案例介绍,并以现实的运输组织案例引导学生主动思考,开拓创新。

授课方式包含课堂授课和专题研讨等,应安排一定学时邀请行业专家结合案例进行授课,并同步开展案例库、课程资源库的建设与更新。

根据专业学位研究生的培养要求和现代教学手段的不断发展,鼓励采用传统课堂学习与在线学习相融合的混合式教学方法。

五、课程内容

重点讲授运输需求分析与预测、交通运输能力计算方法、交通线路运输组织、交通枢纽与场站运输组织、旅客运输组织、货物运输组织、交通运输计划与运输调度等知识单元(见图 4-4)。

1. 交通运输组织绪论

主要介绍现代交通运输生产过程的组织与管理、运输市场以及交通运输组

```
┌─────────────────────────────────────────────────────────────┐
│  ┌──────────────────┐    ┌────────────────────────────────┐ │
│  │                  │    │ 1.1 运输生产过程组织与管理      │ │
│  │  1. 交通运输组织绪论 │──▶ │ 1.2 运输市场                    │ │
│  │                  │    │ 1.3 运输管理                    │ │
│  │                  │    │ 1.4 交通运输组织现代化          │ │
│  └──────────────────┘    └────────────────────────────────┘ │
└─────────────────────────────────────────────────────────────┘
                              ⬇
┌─────────────────────────────────────────────────────────────┐
│  ┌──────────────────┐    ┌────────────────────────────────┐ │
│  │                  │    │ 2.1 不同方式运输需求特征        │ │
│  │ 2. 运输需求分析与预测│──▶ │ 2.2 不同方式运输需求的主要影响因素│ │
│  │                  │    │ 2.3 不同方式运输量预测原理与方法│ │
│  └──────────────────┘    └────────────────────────────────┘ │
└─────────────────────────────────────────────────────────────┘
                              ⬇
┌─────────────────────────────────────────────────────────────┐
│  ┌──────────────────┐    ┌────────────────────────────────┐ │
│  │                  │    │ 3.1 交通运输能力的基本概念      │ │
│  │ 3. 交通运输能力计算方法│▶│ 3.2 交通运输线路运输能力计算    │ │
│  │                  │    │ 3.3 交通运输场站运输能力计算    │ │
│  └──────────────────┘    └────────────────────────────────┘ │
└─────────────────────────────────────────────────────────────┘
                              ⬇
┌─────────────────────────────────────────────────────────────┐
│  ┌──────────────────┐    ┌────────────────────────────────┐ │
│  │                  │    │ 4.1 交通运输流概述              │ │
│  │ 4. 交通线路运输组织 │──▶ │ 4.2 交通运输流分析技术          │ │
│  │                  │    │ 4.3 交通运输流组织原理与方法    │ │
│  └──────────────────┘    └────────────────────────────────┘ │
└─────────────────────────────────────────────────────────────┘
                              ⬇
┌─────────────────────────────────────────────────────────────┐
│  ┌──────────────────┐    ┌────────────────────────────────┐ │
│  │                  │    │ 5.1 场站的设备分工及运用原理    │ │
│  │ 5. 交通枢纽与场站运输组织│ │ 5.2 单方式客运枢纽运输流程及组织│ │
│  │                  │──▶ │ 5.3 单方式货运场站运输流程及组织│ │
│  │                  │    │ 5.4 综合枢纽运输组织            │ │
│  └──────────────────┘    └────────────────────────────────┘ │
└─────────────────────────────────────────────────────────────┘
                              ⬇
┌─────────────────────────────────────────────────────────────┐
│  ┌─────────────────────┐    ┌──────────────────────────┐    │
│  │   6. 旅客运输组织     │    │   7. 货物运输组织         │    │
│  │ 6.1 旅客运输组织基本特点│    │ 7.1 货物运输组织基本特点  │    │
│  │ 6.2 城际旅客运输组织   │    │ 7.2 货物运输方法          │    │
│  │ 6.3 城乡旅客运输组织   │    │ 7.3 货物装载和配送优化方法 │    │
│  │ 6.4 城市旅客运输组织   │    │ 7.4 货物多式联运          │    │
│  │ 6.5 多方式旅客联合运输 │    │                          │    │
│  └─────────────────────┘    └──────────────────────────┘    │
└─────────────────────────────────────────────────────────────┘
                              ⬇
┌─────────────────────────────────────────────────────────────┐
│  ┌──────────────────┐    ┌────────────────────────────────┐ │
│  │                  │    │ 8.1 交通运输生产日常管理        │ │
│  │ 8. 交通运输计划与运输│    │ 8.2 交通运输计划                │ │
│  │    调度工作        │──▶ │ 8.3 交通运输调度                │ │
│  │                  │    │ 8.4 载运工具运用计划            │ │
│  │                  │    │ 8.5 交通运输统计与分析          │ │
│  └──────────────────┘    └────────────────────────────────┘ │
└─────────────────────────────────────────────────────────────┘
```

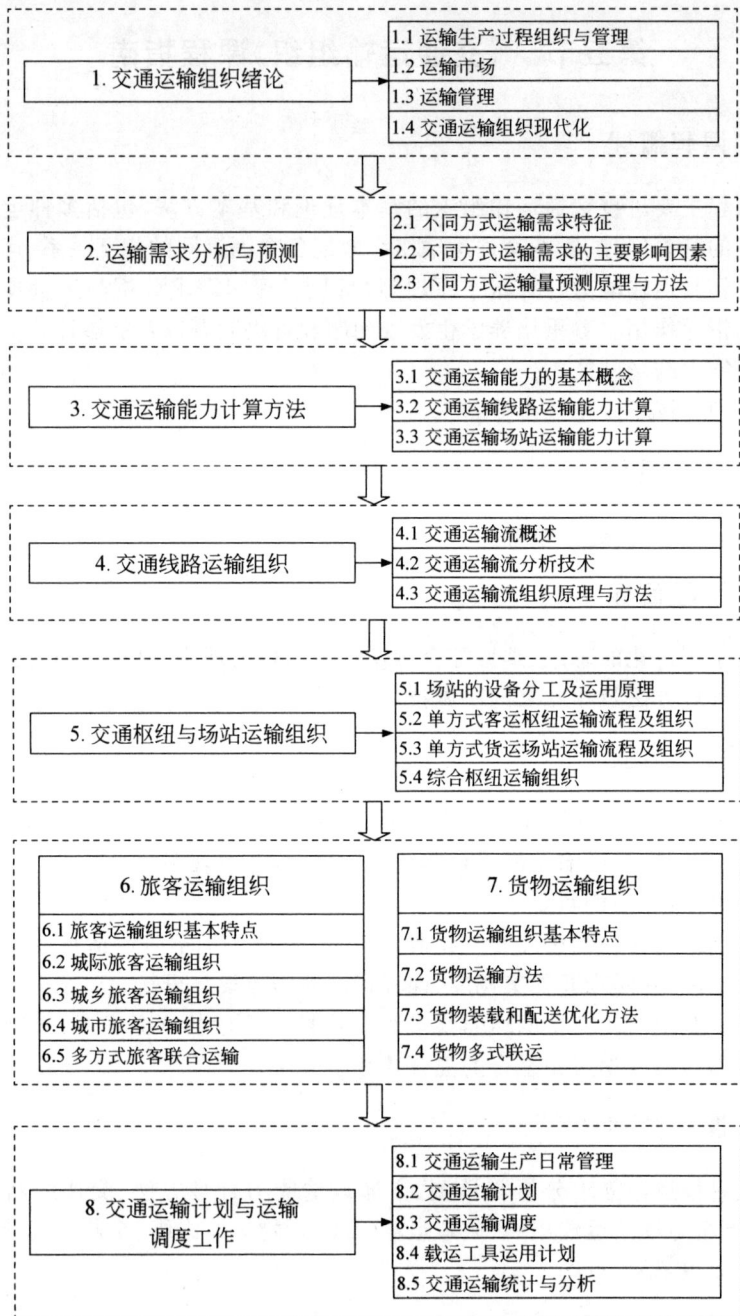

图 4-4　《交通运输组织》课程内容结构

织现代化等知识点。

1.1 运输生产过程组织与管理

1.2 运输市场

1.3 运输管理

1.4 交通运输组织现代化

2. 运输需求分析与预测

主要介绍不同方式运输需求的概念及其特征,不同方式的运输需求预测方法等知识点。

2.1 不同方式运输需求特征

2.2 不同方式运输需求的主要影响因素

2.3 不同方式运输量预测原理与方法

3. 交通运输能力计算方法

主要介绍交通运输能力的基本概念和基本特征,各种交通运输方式运输能力计算基本原理与方法等知识点。

3.1 交通运输能力的基本概念

3.2 交通运输线路运输能力计算

3.3 交通运输场站运输能力计算

4. 交通线路运输组织

主要介绍多种运输方式的线路运输组织基本原理、交通运输流理论、交通运输流组织理论与方法、载运工具运用计划以及运输生产综合性计划等知识点。

4.1 交通运输流概述

4.2 交通运输流分析技术

4.3 交通运输流组织原理与方法

5. 交通枢纽与场站运输组织

主要介绍多种运输方式的交通枢纽与场站运输组织的原理,交通场站设备配置及运用,交通场站运输作业流程及组织的内容、理论和方法等知识点。

5.1 场站的设备分工及运用原理

5.2 单方式客运枢纽运输流程及组织

5.3 单方式货运场站运输流程及组织

5.4 综合枢纽运输组织

6. 旅客运输组织

主要介绍旅客运输的基本特点,掌握城际、城乡和城市旅客运输组织内容、理论和方法等知识点。

6.1 旅客运输组织基本特点

6.2 城际旅客运输组织

6.3 城乡旅客运输组织

6.4 城市旅客运输组织

6.5 多方式旅客联合运输

7. 货物运输组织

主要介绍货物运输的基本特点,货物装载和配送组织,货物多式联运与大陆桥运输组织的内容、理论和方法等知识点。

7.1 货物运输组织基本特点

7.2 货物运输方法

7.3 货物装载和配送优化方法

7.4 货物多式联运

8. 交通运输计划与运输调度工作

主要介绍交通运输生产的日常管理,交通运输计划,交通运输调度,交通运输统计与分析的内容、理论和方法等知识点。

8.1 交通运输生产日常管理

8.2 交通运输计划

8.3 交通运输调度

8.4 载运工具运用计划

8.5 交通运输统计与分析

各培养单位可根据自身的优势与特色,结合课程主要知识单元,突出某种运输方式进行讲授。

六、考核要求

本课程建议采取包括课堂讨论、期末考试、课程作业、课程报告等多种形式的综合成绩评定方法。课堂讨论通过课堂师生互动引导学生积极主动思考、提高交流技能;期末考试重点在于考查学生基础知识体系的掌握情况;课程作业要求学生独立完成,重点考查学生的综合应用能力。

课堂讨论、期末考试、课程作业、课程报告等成绩比例,由各培养单位具体考量设定。

第六节　《交通运输管理与控制》课程指南

一、课程概述

本课程主要介绍交通运输组织管理、交通运输需求管理、交通系统运行控制、交通运输管理控制效能评价等知识点;介绍交通运输管理与控制技术在国内外交通运输系统中的应用实践;了解交通运输管理与控制的技术前沿及最新发展动态。

本课程建议不少于2学分。

二、先修课程

交通运输导论等。

三、课程目标

掌握轨道、道路、水路、航空等不同运输方式线路及其枢纽与场站的运行管理与系统控制的理论、方法与技术;具备独立从事交通运输组织管理与控制方案设计的能力。

四、授课方式

建议课程采用课堂授课、小组研讨、案例分析等多种形式相结合的教学方式和手段,侧重启发学生思维、增强自主研究能力、提升人文科学素养、锻炼表达交流能力。应安排一定学时邀请行业专家结合案例进行授课,并同步开展案例库、课程资源库的建设与更新。

根据专业学位研究生的培养要求和现代教学手段的不断发展,鼓励采用传统课堂学习与在线学习相融合的混合式教学方法。

五、课程内容

重点讲授交通运输需求与供给、交通运输需求管理、交通运输组织管理、交通系统建模与仿真、交通系统运行控制与优化、交通运输管理与控制评价等基本知识单元;介绍交通运输管理与控制新技术等拓展知识单元(见图4-5)。

1. 交通运输管理与控制绪论

1.1 交通运输管理与控制的**概念**与内涵

1.2 交通运输管理与控制的目的与作用

1.3 交通运输管理与控制的内容与重点

1.4 交通运输管理与控制的主要原则

2. 交通运输需求与供给

2.1 交通运输需求特征及其外部影响因素

2.2 交通运输供给特征及其外部影响因素

2.3 交通运输需求与供给的相互影响

3. 交通运输需求管理

3.1 交通运输需求管理目标和影响

3.2 交通运输需求管理策略

3.3 交通运输需求管理实施保障

4. 交通运输组织管理

4.1 交通运输管理体制与政策

4.2 铁路运输组织管理

4.3 公路运输组织管理

4.4 港口与航运组织管理

4.5 航空运输组织管理

5. 交通系统建模与仿真

5.1 交通系统模型描述

5.2 仿真建模方法

5.3 微观建模与仿真

5.4 中观建模与仿真

5.5 宏观建模与仿真

5.6 交通仿真系统与软件

6. 交通系统运行控制与优化

6.1 轨道交通自动化控制与优化

6.2 城市道路交通信号控制与优化

6.3 水路交通运行控制与优化

6.4 民航运行控制与优化

6.5 交通系统运行控制规范与技术标准

7. 交通运输管理与控制评价

7.1 交通运输管理与控制方案的评价原则

7.2 交通运输管理与控制方案的评价指标

7.3 交通运输管理与控制方案的评价方法

8. 交通运输管理与控制新技术

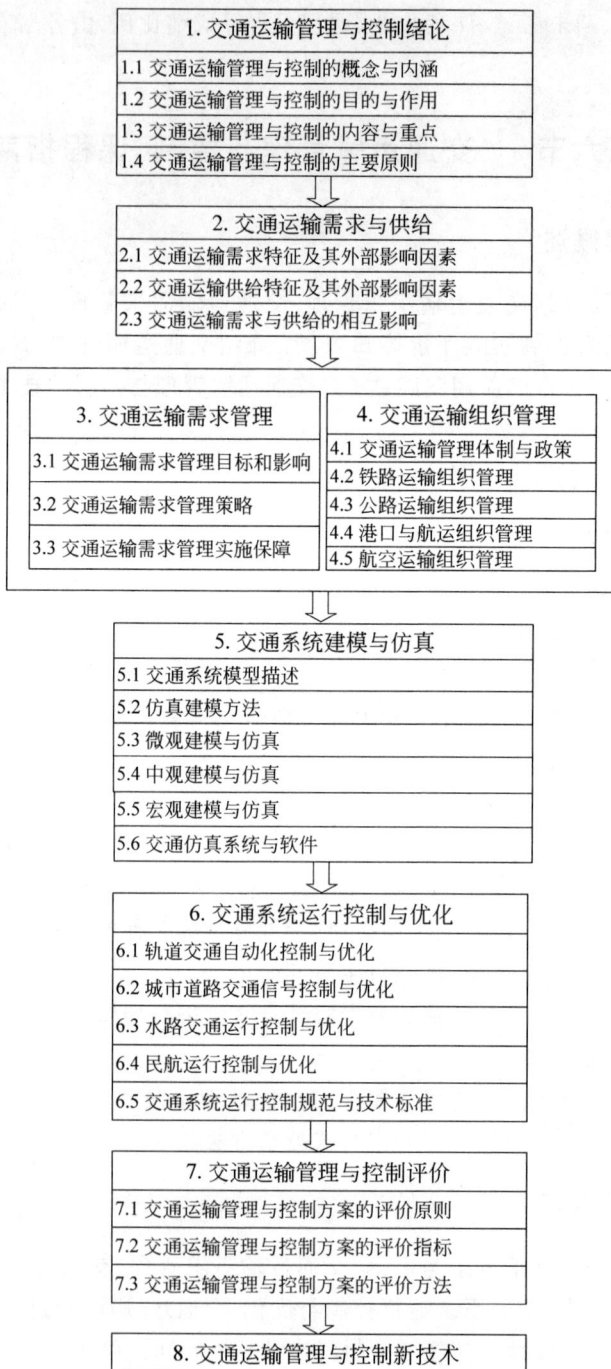

图 4-5　《交通运输管理与控制》课程内容结构

1. 交通运输管理与控制绪论

主要介绍交通运输管理与控制的概念与内涵、目的与作用、内容与重点、原则与发展等知识点。

1.1 交通运输管理与控制的概念与内涵

1.2 交通运输管理与控制的目的与作用

1.3 交通运输管理与控制的内容与重点

1.4 交通运输管理与控制的主要原则

2. 交通运输需求与供给

主要介绍交通运输需求的基本特征,运输供给对运输需求的影响作用以及运输量的预测方法等知识点。

2.1 交通运输需求特征及其外部影响因素

2.2 交通运输供给特征及其外部影响因素

2.3 交通运输需求与供给的相互影响

3. 交通运输需求管理

主要介绍交通出行产生的内在动力及出行过程中表现出的时空消耗特征,改善运输模式、鼓励绿色替代交通方式、土地利用和管理政策等不同的交通需求管理策略等知识点。

3.1 交通运输需求管理目标和影响

3.2 交通运输需求管理策略

3.3 交通运输需求管理实施保障

4. 交通运输组织管理

主要介绍不同交通运输方式的运行效能评估和运行问题诊断方法,不同运输方式运营过程中的组织管理形式等知识点。

4.1 交通运输管理体制与政策

4.2 铁路运输组织管理

4.3 公路运输组织管理

4.4 港口与航运组织管理

4.5 航空运输组织管理

5. 交通系统建模与仿真

主要介绍常用的交通运输管理与控制过程及效果的模拟与仿真方法,包括交通系统建模方法,微观、中观、宏观建模与仿真方法以及常用的交通系统仿真软件等知识点。

5.1 交通系统模型描述

5.2 仿真建模方法

5.3 微观建模与仿真

5.4 中观建模与仿真

5.5 宏观建模与仿真

5.6 交通仿真系统与软件

6. 交通系统运行控制与优化

主要介绍轨道交通过程控制和运营管理自动化,城市道路交通信号单点控制、干线协调、区域协调方法,水路交通运行控制,民航运行控制等知识点。

6.1 轨道交通自动化控制与优化

6.2 城市道路交通信号控制与优化

6.3 水路交通运行控制与优化

6.4 民航运行控制与优化

6.5 交通系统运行控制规范与技术标准

7. 交通运输管理与控制评价

主要介绍交通运输管理与控制效果的评价原则、评价指标与评价方法等内容。

7.1 交通运输管理与控制方案的评价原则

7.2 交通运输管理与控制方案的评价指标

7.3 交通运输管理与控制方案的评价方法

8. 交通运输管理与控制新技术

主要介绍交通运输管理与控制的技术发展与最新进展,进一步明晰交通运输管理与控制的涉及内容和工程侧重点,拓展专业视野,提高工程意识、工程素质和工程实践能力。

各培养单位可根据自身的优势与特色,结合课程主要知识单元,突出某种运输方式进行讲授。

六、考核要求

本课程建议采取包括课堂讨论、期末考试、课程作业、仿真实验、课程报告、课程设计等多种形式的综合成绩评定方法。课堂讨论通过课堂师生互动引导学生积极主动思考、提高交流技能；期末考试重点在于考查学生基础知识体系的掌握情况；课程作业、仿真实验要求学生独立完成，重点考查学生的综合应用能力。

课堂讨论、期末考试、课程作业、仿真实验、课程报告、课程设计等成绩比例，由各培养单位具体考量设定。

第七节　《载运工具运用工程》课程指南

一、课程概述

本课程主要介绍各种载运工具的合理选用和使用方法，载运工具的故障诊断与检测技术，载运工具的运用管理技术，载运工具的系统控制技术以及载运工具的节能环保技术等知识点；介绍载运工具的技术前沿与运用前景等。

本课程建议不少于 2 学分。

二、先修课程

交通运输导论、交通运输组织等相关课程。

三、课程目标

了解载运工具的技术性能及其评价方法；了解载运工具的安全检测技术、节能环保技术；掌握载运工具合理的使用方法；掌握综合运用各种载运工具，通过优化组织实现高效低耗安全优质运行；了解新型载运工具的发展动态及其结构设计优化方法。

四、授课方式

课程宜采用课堂授课、小组研讨、案例分析等多种形式相结合的教学方式和手段，侧重启发学生思维、增强自主研究能力、提升人文科学素养、锻炼表达交流能力。应安排一定学时邀请行业专家结合案例进行授课，并同步开展案例库、课程资源库的建设与更新。

根据专业学位研究生的培养要求和现代教学手段的不断发展，鼓励采用传统课堂学习与在线学习相融合的混合式教学方法。

五、课程内容

重点讲授载运工具技术性能、载运工具性能评价、载运工具故障诊断与健康管理、载运工具维护与更新、载运工具节能环保、载运工具运用策略、载运工具运输组织优化等基本知识单元；介绍载运工具技术前沿与运用前景等拓展知识单元(见图 4-6)。

1. 载运工具运用工程绪论
1.1 轨道车辆、汽车、船舶、航空器、管道等载运工具的特点
1.2 各类载运工具的运用条件
1.3 各类载运工具的适用场景

2. 载运工具的技术性能
2.1 载运工具的技术性能特点
2.2 载运工具的技术性能影响因素与变化规律

3. 载运工具的性能评价
3.1 载运工具的使用性能
3.2 载运工具的安全性能
3.3 载运工具的经济性能
3.4 载运工具性能评价方法
3.5 载运工具性能智能监测

4. 载运工具故障诊断与健康管理
4.1 常见载运工具故障
4.2 载运工具运行状态监测技术
4.3 载运工具故障诊断方法
4.4 载运工具健康管理

5. 载运工具的维护与更新
5.1 载运工具的寿命指标
5.2 载运工具的维护、保养与更新策略
5.3 定时维修间隔确定方法
5.4 基于状态的维修模型
5.5 备件与维修保障

6. 载运工具的节能环保
6.1 载运工具的振动与噪声
6.2 载运工具的尾气排放与大气污染控制
6.3 清洁动力与新材料

7. 载运工具运用策略
7.1 载运工具的运用条件
7.2 载运工具的合理使用方法
7.3 载运工具运用过程的环保与安全

8. 载运工具的运输组织及其优化
8.1 载运工具的运输组织
8.2 多种载运工具的综合运用及运输组织优化

9. 载运工具的技术前沿与运用前景
9.1 新能源载运工具
9.2 载运工具新材料
9.3 载运工具数字化设计
9.4 载运工具运营组织管理的新模式、新方法

图 4-6 《载运工具运用工程》课程内容结构

1. 载运工具运用工程绪论

主要介绍轨道车辆、汽车、船舶、航空器、管道等常见载运工具的特性、适用条件与运用场景等知识点。

1.1 轨道车辆、汽车、船舶、航空器、管道等载运工具的特点

1.2 各类载运工具的运用条件

1.3 各类载运工具的适用场景

2. 载运工具的技术性能

主要介绍载运工具的技术性能特点及其主要影响因素等知识点。

2.1 载运工具的技术性能特点

2.2 载运工具的技术性能影响因素与变化规律

3. 载运工具的性能评价

主要介绍各类载运工具的使用性能、安全性能、经济性能及其评价方法等知识点。

3.1 载运工具的使用性能

3.2 载运工具的安全性能

3.3 载运工具的经济性能

3.4 载运工具性能评价方法

3.5 载运工具性能智能监测

4. 载运工具故障诊断与健康管理

主要介绍各类载运工具的常见故障及其健康监控技术等知识点。

4.1 常见载运工具故障

4.2 载运工具运行状态监测技术

4.3 载运工具故障诊断方法

4.4 载运工具健康管理

5. 载运工具的维护与更新

主要介绍各类载运工具的寿命指标及其维护、保养与更新策略等知识点。

5.1 载运工具的寿命指标

5.2 载运工具的维护、保养与更新策略

5.3 定时维修间隔确定方法

5.4 基于状态的维修模型

5.5 备件与维修保障

6. 载运工具的节能环保

主要介绍各类载运工具的振动与噪声、尾气排放与大气污染控制、清洁动力与新材料等知识点。

6.1 载运工具的振动与噪声

6.2 载运工具的尾气排放与大气污染控制

6.3 清洁动力与新材料

7. 载运工具运用策略

主要介绍各类载运工具的运用条件、合理使用方法、环保特性与安全特性等知识点。

7.1 载运工具的运用条件

7.2 载运工具的合理使用方法

7.3 载运工具运用过程的环保与安全

8. 载运工具的运输组织及其优化

主要介绍多种载运工具的协调运用及其组织优化等知识点。

8.1 载运工具的运输组织

8.2 多种载运工具的综合运用及运输组织优化

9. 载运工具的技术前沿与运用前景

主要介绍载运工具运用技术前沿,包括新能源载运工具、载运工具新材料、载运工具数字化设计以及载运工具运营组织管理的新模式、新方法等知识点。

9.1 新能源载运工具

9.2 载运工具新材料

9.3 载运工具数字化设计

9.4 载运工具运营组织管理的新模式、新方法

各培养单位可根据自身的优势与特色,结合课程主要知识单元,突出某种载运工具进行讲授。

六、考核要求

本课程建议采取包括课堂讨论、期末考试、课程作业、课程报告、课程设计等多种形式的综合成绩评定方法。课堂讨论通过课堂师生互动引导学生积极主动

思考、提高交流技能；期末考试重点在于考查学生基础知识体系的掌握情况；课程作业要求学生独立完成，重点考查学生的综合应用能力。

课堂讨论、期末考试、课程作业、课程报告、课程设计等成绩比例，由各培养单位具体考量设定。

第八节　《交通运输安全》课程指南

一、课程概述

本课程主要介绍轨道运输、道路运输、水路运输、航空运输以及管道运输某一领域的安全分析与评价、安全隐患排查、安全监控与检测、安全风险辨识、安全风险防控等知识点，培养学生独立从事相关行业的安全规划、设计与管理以及组织突发事件应急救援的能力。

本课程建议不少于 2 学分。

二、先修课程

交通运输导论、数理统计等。

三、课程目标

掌握轨道运输、道路运输、水路运输、航空运输以及管道运输某一领域运输安全的分析方法；具备从事相关领域安全规划、设计与管理及组织应急救援的能力。

四、授课方式

课程秉持理论与实践紧密结合的原则，在运输安全的基本原理、分析方法精讲的基础上，融入国内外运输安全工程实践案例介绍，并以现实的运输安全案例引导学生主动思考，开拓创新。课程建议采用课堂授课、小组研讨、案例分析等多种形式相结合的教学方式和手段。应安排一定学时邀请行业专家结合案例进行授课，并同步开展案例库、课程资源库的建设与更新。

根据专业学位研究生的培养要求和现代教学手段的不断发展，鼓励采用传统课堂学习与在线学习相融合的混合式教学方法。

五、课程内容

重点讲授交通运输事故影响因素、交通运输安全建模方法、交通运输安全评价方法、交通运输安全监控与检测方法、交通运输安全风险防控与事故预防、交通运输工程建设项目安全评价、交通运输事故应急救援等知识单元（见图 4-7）。

1. 交通运输安全绪论

1.1 交通运输安全的定义与表征

1.2 轨道运输、道路运输、水路运输、航空运输以及管道运输的事故特征与分类

1.3 交通运输安全水平分级

1.4 交通运输安全法规

2. 交通运输事故影响因素分析

2.1 交通运输事故指标

2.2 影响交通运输事故发生的主要因素

2.3 交通运输事故致因分析方法

3. 交通运输安全建模方法

3.1 交通运输事故预测建模方法

3.2 非事故的交通运输安全建模方法

4. 交通运输安全评价方法

4.1 交通运输安全评价方法

4.2 交通运输安全评价方法的选用

4.3 交通运输安全评价的一般流程

5. 交通运输安全监控与检测方法

5.1 交通运输安全隐患识别方法

5.2 交通运输安全隐患排查方法

5.3 交通运输安全监控技术

5.4 交通运输安全智能化检测技术

6. 交通运输安全风险防控与事故预防

6.1 交通运输安全风险防控与事故预防主要原则

6.2 运输网络安全风险辨识

6.3 运输网络安全风险防控

6.4 交通运输系统安全规划

6.5 交通运输安全人为因素管理

6.6 危险交通行为主动预防

6.7 交通运输工程设施安全设计

6.8 交通运输安全设施设计规范

7. 交通运输工程建设项目安全评价

7.1 轨道工程建设项目安全评价

7.2 道路工程建设项目安全评价

7.3 港口与航道工程建设项目安全评价

7.4 航空工程建设项目安全评价

7.5 管道工程建设项目安全评价

7.6 交通运输工程建设项目安全评价规范

8. 交通运输事故应急救援

8.1 突发运输事故影响确定方法

8.2 交通运输应急响应机制与管理体制

8.3 交通运输事故应急预案管理

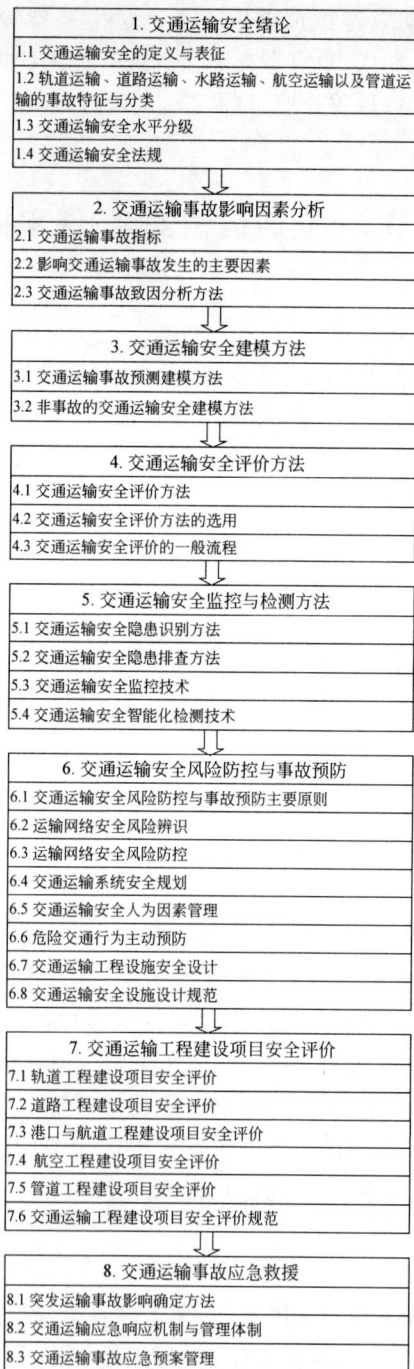

图 4-7 《交通运输安全》课程内容结构

1. 交通运输安全绪论

主要介绍轨道运输、道路运输、水路运输、航空运输以及管道运输的事故分类、安全分级方法,交通运输安全法规等知识点。

1.1 交通运输安全的定义与表征

1.2 轨道运输、道路运输、水路运输、航空运输以及管道运输的事故特征与分类

1.3 交通运输安全水平分级

1.4 交通运输安全法规

2. 交通运输事故影响因素分析

主要介绍交通运输事故指标、影响交通运输事故发生的主要因素、交通运输事故致因分析方法等知识点。

2.1 交通运输事故指标

2.2 影响交通运输事故发生的主要因素

2.3 交通运输事故致因分析方法

3. 交通运输安全建模方法

主要介绍交通运输事故预测的建模方法、非事故的交通运输安全建模方法等主要知识点。

3.1 交通运输事故预测建模方法

3.2 非事故的交通运输安全建模方法

4. 交通运输安全评价方法

主要介绍交通运输安全评价的基本方法以及评价流程等知识点。

4.1 交通运输安全评价方法

4.2 交通运输安全评价方法的选用

4.3 交通运输安全评价的一般流程

5. 交通运输安全监控与检测方法

主要介绍交通运输安全隐患识别方法与排查方法、交通运输安全监控与检测等知识点。

5.1 交通运输安全隐患识别方法

5.2 交通运输安全隐患排查方法

5.3 交通运输安全监控技术

5.4 交通运输安全智能化检测技术

6．交通运输安全风险防控与事故预防

主要介绍交通运输网络的安全风险辨识与防控、交通运输系统安全规划、交通参与者安全行为矫正及训练、危险交通行为主动预防、交通运输工程设施安全设计、交通运输安全设施设计规范等知识点。

6.1 交通运输安全风险防控与事故预防主要原则

6.2 运输网络安全风险辨识

6.3 运输网络安全风险防控

6.4 交通运输系统安全规划

6.5 交通运输安全人为因素管理

6.6 危险交通行为主动预防

6.7 交通运输工程设施安全设计

6.8 交通运输安全设施设计规范

7．交通运输工程建设项目安全评价

主要介绍轨道工程、道路工程、港口与航道工程、航空工程、管道工程建设项目的安全评价方法与规范。

7.1 轨道工程建设项目安全评价

7.2 道路工程建设项目安全评价

7.3 港口与航道工程建设项目安全评价

7.4 航空工程建设项目安全评价

7.5 管道工程建设项目安全评价

7.6 交通运输工程建设项目安全评价规范

8．交通运输事故应急救援

主要介绍交通运输事故影响确定方法、交通运输事故应急响应机制与管理体制、交通运输事故应急预案等知识点。

8.1 突发运输事故影响确定方法

8.2 交通运输应急响应机制与管理体制

8.3 交通运输事故应急预案管理

各培养单位可根据自身的优势与特色,结合课程主要知识单元,突出某种运输方式进行讲授。

六、考核要求

本课程建议采取包括课堂讨论、期末考试、课程作业、课程报告、课程设计等多种形式的综合成绩评定方法。课堂讨论通过课堂师生互动引导学生积极主动思考、提高交流技能；期末考试重点在于考查学生基础知识体系的掌握情况；课程作业要求学生独立完成，重点考查学生的综合应用能力。

课堂讨论、期末考试、课程作业、课程报告、课程设计等成绩比例，由各培养单位具体考量设定。

第九节　《物流技术工程》课程指南

一、课程概述

本课程主要介绍物流系统的规划设计与优化的基础理论与方法，运输、仓储与库存以及物料搬运的设施设备及其优化方法，物流信息技术，物流标准化，物流安全与监控，物流仿真技术以及重要的物流系统等主要内容。

本课程建议不少于 2 学分。

二、先修课程

交通运输导论、运筹学等。

三、课程目标

培养学生掌握物流系统的设计与实施的主要目标和实现手段，具备一定的物流系统设计能力。

四、授课方式

课程传授过程秉持理论与实践紧密结合的原则，在物流系统设计与管理的基本原理、方法精讲的基础上，融入国内外物流系统设计与管理实践案例介绍，并以现实的物流系统设计与管理案例引导学生主动思考，开拓创新。

授课方式包含课堂授课、专题研讨和案例介绍等。应安排一定学时邀请行业专家结合案例进行授课，并同步开展案例库、课程资源库的建设与更新。

根据专业学位研究生的培养要求和现代教学手段的不断发展，鼓励采用传统课堂学习与在线学习相融合的混合式教学方法。

五、课程内容

重点讲授物流系统规划与设施设计、物流运输与配送技术、仓储与库存、物料搬运与装卸、物流信息技术、物流标准化、物流安全与监控等基本知识单元；介绍物流建模与仿真、物流系统运作等拓展知识单元(见图 4-8)。

1. 物流技术工程概述

主要介绍物流与物流系统的概念、作用及其发展过程、物流产业政策等知识点，明确物流技术工程在现阶段全球经济与全球物流多元化的发展过程中的地位和作用。

1.1 物流概述

1.2 物流系统

1.3 物流技术工程体系框架

1.4 物流产业政策

2. 物流系统规划与设施设计

主要介绍物流系统模式与组织系统、物流网络与选址规划、物流设施布置与设计方法等知识点。

2.1 物流系统规划与设施设计概述

2.2 物流系统模式与组织系统

2.3 物流网络与选址规划

2.4 物流设施布置与设计

3. 物流运输与配送技术

主要介绍各种运输方式和运输节点的特点、运输优化相关技术等知识点。

3.1 物流运输方式

3.2 运输节点

3.3 运输优化技术

4. 仓储与库存

主要介绍仓储管理的概念、功能与意义，仓储管理的业务操作流程，合理化仓储的库存管理技术以及现代物流仓储发展趋势等知识点。

4.1 仓储管理概述

4.2 仓储设施

1. 物流技术工程概述	1.1 物流概述
	1.2 物流系统
	1.3 物流技术工程体系框架
	1.4 物流产业政策

2. 物流系统规划与设施设计	2.1 物流系统规划与设施设计概述
	2.2 物流系统模式与组织系统
	2.3 物流网络与选址规划
	2.4 物流设施布置与设计

3. 物流运输与配送技术	3.1 物流运输方式
	3.2 运输节点
	3.3 运输优化技术

4. 仓储与库存	4.1 仓储管理概述
	4.2 仓储设施
	4.3 仓储业务流程
	4.4 仓储管理与优化技术
	4.5 库存控制
	4.6 现代物流仓储的发展趋势

5. 物料搬运与装卸	5.1 物料搬运与装卸概述
	5.2 物料搬运与装卸设备及器具
	5.3 物料搬运与装卸系统分析设计方法

6. 物流信息技术	6.1 物流信息概述
	6.2 物流信息分类编码技术
	6.3 条码技术
	6.4 射频识别技术
	6.5 电子数据交换技术
	6.6 物流信息技术标准
	6.7 物流信息系统

7. 物流标准化	7.1 物流标准化的概念与内涵
	7.2 物流标准化的种类与内容
	7.3 物流标准化方法
	7.4 物流标准化的技术标准

8. 物流安全与监控	8.1 物流安全概述
	8.2 物流监控技术
	8.3 物联网技术

9. 物流建模与仿真	9.1 物流系统仿真概述
	9.2 离散事件系统仿真方法
	9.3 随机数及其在物流仿真中的应用
	9.4 库存系统模拟
	9.5 物流系统建模与仿真实例

10. 物流系统运作	10.1 国际物流
	10.2 集装箱物流
	10.3 多式联运
	10.4 保税物流
	10.5 大宗散货物流

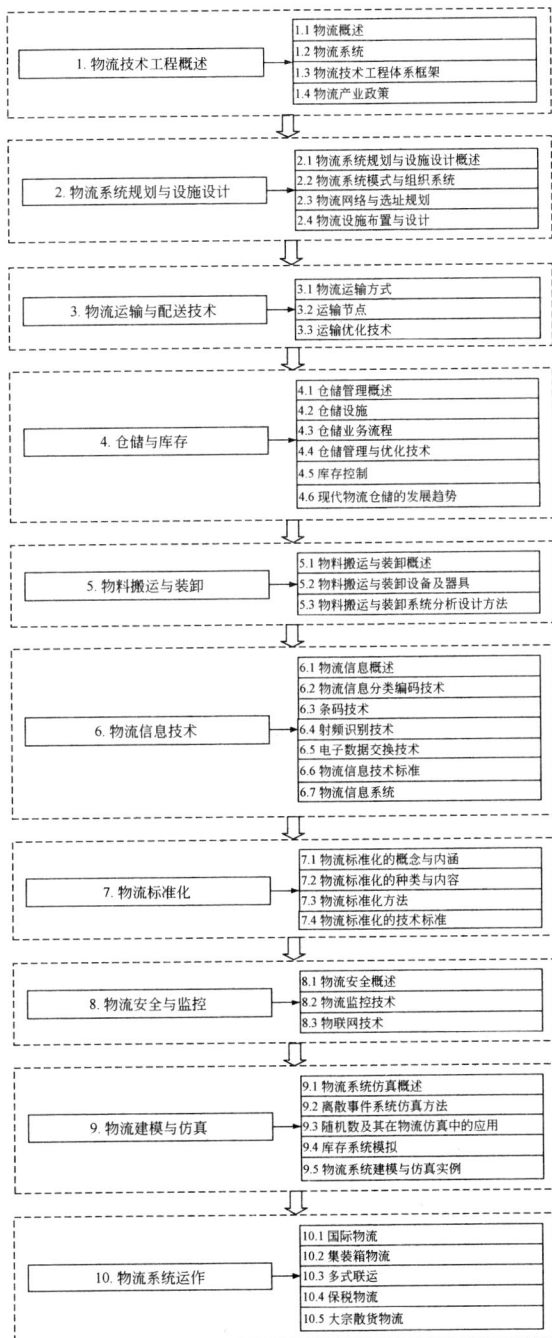

图 4-8　《物流技术工程》课程内容结构

4.3　仓储业务流程

4.4　仓储管理与优化技术

4.5　库存控制

4.6　现代物流仓储的发展趋势

5．物料搬运与装卸

主要介绍物料搬运与装卸系统的基本概念、基本设施和器具,物料搬运系统的分析设计方法等知识点。

5.1　物料搬运与装卸概述

5.2　物料搬运与装卸设备及器具

5.3　物料搬运与装卸系统分析设计方法

6．物流信息技术

主要介绍物流信息的基本内涵和常用的物流信息技术,物流信息系统的基本框架等知识点。

6.1　物流信息概述

6.2　物流信息分类编码技术

6.3　条码技术

6.4　射频识别技术

6.5　电子数据交换技术

6.6　物流信息技术标准

6.7　物流信息系统

7．物流标准化

主要介绍物流标准化的概念、内容以及方法等知识点。

7.1　物流标准化的概念与内涵

7.2　物流标准化的种类与内容

7.3　物流标准化方法

7.4　物流标准化的技术标准

8．物流安全与监控

主要介绍物流安全的基本概念、物流安全预防系统中常用的物流监管技术以及物联网技术等知识点。

8.1　物流安全概述

8.2　物流监控技术

8.3　物联网技术

9.　物流建模与仿真

主要介绍物流系统的建模与仿真方法等知识点，为物流系统的定量评价提供技术支持。

9.1　物流系统仿真概述

9.2　离散事件系统仿真方法

9.3　随机数及其在物流仿真中的应用

9.4　库存系统模拟

9.5　物流系统建模与仿真实例

10.　物流系统运作

主要介绍国际常见的物流系统运作模式，包括国际物流、集装箱物流、多式联运、保税物流以及大宗散货物流等知识点。

10.1　国际物流

10.2　集装箱物流

10.3　多式联运

10.4　保税物流

10.5　大宗散货物流

六、考核要求

本课程建议采取课堂讨论、期末考试、课程作业、仿真实验、课程报告、课程设计的综合成绩评定方法。课堂讨论通过课堂师生互动引导学生积极主动思考、提高交流技能；期末考试重点在于考查学生基础知识体系的掌握情况；课程作业要求学生独立完成，重点考查学生的综合应用能力。

课堂讨论、期末考试、课程作业、仿真实验、课程报告、课程设计等成绩比例，由各培养单位具体考量设定。

第十节　《综合交通运输》课程指南

一、课程概述

本课程主要介绍多方式综合运输需求预测，多方式综合运输一体化系统的规划、设计、评价以及运营管理方法等知识点，了解综合运输的技术前沿及最新发展动态。

本课程建议不少于 2 学分。

二、先修课程

交通运输导论、交通运输组织等。

三、课程目标

构建综合交通运输的系统知识架构，了解客货运输在多式联运、智能调度等方面的不同需求、发展现状与技术水平，了解综合交通运输的技术发展趋势，掌握综合交通运输系统规划、运营管理、评价的基本技能与方法。

四、授课方式

课程建议采用课堂授课、小组研讨、案例分析等多种形式相结合的教学方式和手段，侧重启发学生思维、增强自主研究能力、提升人文科学素养、锻炼表达交流能力。应安排一定学时邀请行业专家结合案例进行授课，并同步开展案例库、课程资源库的建设与更新。

根据专业学位研究生的培养要求和现代教学手段的不断发展，鼓励采用传统课堂学习与在线学习相融合的混合式教学方法。

五、课程内容

重点讲授综合交通运输需求预测方法、综合交通运输结构规划、综合交通运输枢纽规划设计、综合运输组织、多式联运、运输市场营销、运输经济、综合交通运输系统评价等基本知识单元；介绍综合交通运输政策等拓展知识单元（见图 4-9）。

1. 综合交通运输概述

主要介绍综合交通运输的概念、发展过程和重要意义等知识点，旨在建立综合交通运输的整体框架。

1.1 综合交通运输的基本概念

1.2 综合交通运输的发展史

1.3 现代综合交通运输的意义

1.4 综合交通运输体系发展政策导向

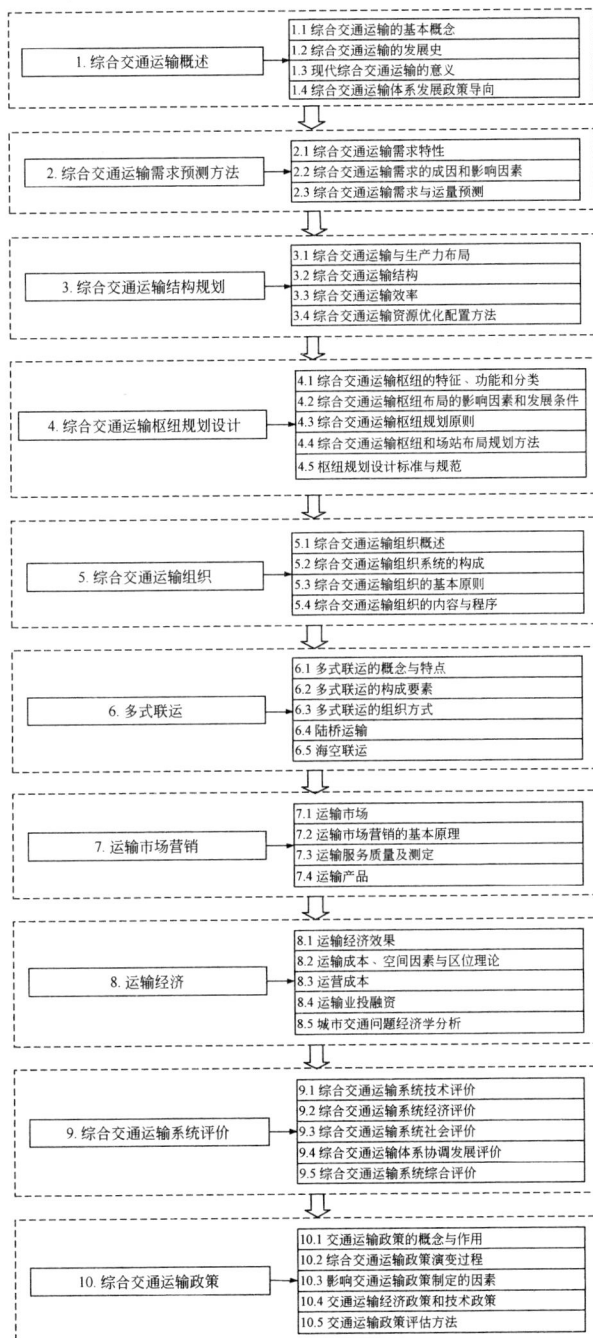

| 1. 综合交通运输概述 | 1.1 综合交通运输的基本概念
1.2 综合交通运输的发展史
1.3 现代综合交通运输的意义
1.4 综合交通运输体系发展政策导向 |

| 2. 综合交通运输需求预测方法 | 2.1 综合交通运输需求特性
2.2 综合交通运输需求的成因和影响因素
2.3 综合交通运输需求与运量预测 |

| 3. 综合交通运输结构规划 | 3.1 综合交通运输与生产力布局
3.2 综合交通运输结构
3.3 综合交通运输效率
3.4 综合交通运输资源优化配置方法 |

| 4. 综合交通运输枢纽规划设计 | 4.1 综合交通运输枢纽的特征、功能和分类
4.2 综合交通运输枢纽布局的影响因素和发展条件
4.3 综合交通运输枢纽规划原则
4.4 综合交通运输枢纽和场站布局规划方法
4.5 枢纽规划设计标准与规范 |

| 5. 综合交通运输组织 | 5.1 综合交通运输组织概述
5.2 综合交通运输组织系统的构成
5.3 综合交通运输组织的基本原则
5.4 综合交通运输组织的内容与程序 |

| 6. 多式联运 | 6.1 多式联运的概念与特点
6.2 多式联运的构成要素
6.3 多式联运的组织方式
6.4 陆桥运输
6.5 海空联运 |

| 7. 运输市场营销 | 7.1 运输市场
7.2 运输市场营销的基本原理
7.3 运输服务质量及测定
7.4 运输产品 |

| 8. 运输经济 | 8.1 运输经济效果
8.2 运输成本、空间因素与区位理论
8.3 运营成本
8.4 运输业投融资
8.5 城市交通问题经济学分析 |

| 9. 综合交通运输系统评价 | 9.1 综合交通运输系统技术评价
9.2 综合交通运输系统经济评价
9.3 综合交通运输系统社会评价
9.4 综合交通运输体系协调发展评价
9.5 综合交通运输系统综合评价 |

| 10. 综合交通运输政策 | 10.1 交通运输政策的概念与作用
10.2 综合交通运输政策演变过程
10.3 影响交通运输政策制定的因素
10.4 交通运输经济政策和技术政策
10.5 交通运输政策评估方法 |

图 4-9　《综合交通运输》课程内容结构

2. 综合交通运输需求预测方法

主要介绍综合交通运输需求的成因和影响因素、综合运输需求预测方法、运输需求与综合运输布局的关系及综合运输布局原理等知识点。

2.1 综合交通运输需求特性

2.2 综合交通运输需求的成因和影响因素

2.3 综合交通运输需求与运量预测

3. 综合交通运输结构规划

主要介绍综合交通运输结构与综合运输效率的内涵、综合运输资源优化配置方法等知识点。

3.1 综合交通运输与生产力布局

3.2 综合交通运输结构

3.3 综合交通运输效率

3.4 综合交通运输资源优化配置方法

4. 综合交通运输枢纽规划设计

主要介绍综合交通运输枢纽规划的原则、影响因素及其布局和设计方法。

4.1 综合交通运输枢纽的特征、功能和分类

4.2 综合交通运输枢纽布局的影响因素和发展条件

4.3 综合交通运输枢纽规划原则

4.4 综合交通运输枢纽和场站布局规划方法

4.5 枢纽规划设计标准与规范

5. 综合交通运输组织

主要介绍综合交通运输组织系统的构成及其工作程序与内容等知识点。

5.1 综合交通运输组织概述

5.2 综合交通运输组织系统的构成

5.3 综合交通运输组织的基本原则

5.4 综合交通运输组织的内容与程序

6. 多式联运

主要介绍多式联运的概念与特点、构成要素、组织方式,陆桥运输、海空联运等知识点。

6.1 多式联运的概念与特点

6.2 多式联运的构成要素

6.3 多式联运的组织方式

6.4 陆桥运输

6.5 海空联运

7. 运输市场营销

主要介绍运输市场和运输产品、运输营销方法和运输服务质量测定方法等主要知识点。

7.1 运输市场

7.2 运输市场营销的基本原理

7.3 运输服务质量及测定

7.4 运输产品

8. 运输经济

主要介绍运输经济效果、运输成本、运营成本、运输业投资以及城市交通问题的经济学分析等主要知识点。

8.1 运输经济效果

8.2 运输成本、空间因素与区位理论

8.3 运营成本

8.4 运输业投融资

8.5 城市交通问题经济学分析

9. 综合交通运输系统评价

主要介绍综合运输系统常用的评价指标、评价方法等知识点。

9.1 综合交通运输系统技术评价

9.2 综合交通运输系统经济评价

9.3 综合交通运输系统社会评价

9.4 综合交通运输体系协调发展评价

9.5 综合交通运输系统综合评价

10. 综合交通运输政策

主要介绍运输政策的意义、目的和内涵,运输政策的影响因素和现有主要的运输政策,常用的运输政策评价方法等知识点。

10.1　交通运输政策的概念与作用
10.2　综合交通运输政策演变过程
10.3　影响交通运输政策制定的因素
10.4　交通运输经济政策和技术政策
10.5　交通运输政策评估方法

六、考核要求

本课程建议采取包括课堂讨论、期末考试、课程作业、课程报告等多种形式的综合成绩评定方法。课堂讨论通过课堂师生互动引导学生积极主动思考、提高交流技能；期末考试重点在于考查学生基础知识体系的掌握情况；课程作业要求学生独立完成，重点考查学生的综合应用能力。

课堂讨论、期末考试、课程作业、课程报告等成绩比例，由各培养单位具体考量设定。

第十一节　《智能运输系统》课程指南

一、课程概述

本课程主要介绍智能运输系统的相关理论与工程方法，包括智能运输系统基本概念、基础支撑技术、智能运输系统体系框架、智能运输系统规划、智能交通系统设计方法与规范、智能运输系统评价等知识点；介绍国内外智能运输系统的最新发展动态。

本课程建议不少于2学分。

二、先修课程

交通运输导论等。

三、课程目标

掌握智能运输系统的基本概念、特征、发展历程，了解智能运输系统的发展趋势、系统构成及其在交通运输系统中的作用；理解典型智能运输系统的功能、特点及主要工作原理，了解典型智能运输系统的应用现状、存在问题；掌握智能运输系统的基本框架，了解智能运输系统规划和设计的作用及主要内容；了解智能运输系统实施保障措施、评价指标体系构建和评价方法。

四、授课方式

课程宜采用课堂授课、小组研讨、案例分析等多种形式相结合的教学方式和手段,侧重启发学生思维、增强自主研究能力、提升人文科学素养、锻炼表达交流能力。应安排一定学时邀请行业专家结合案例进行授课,并同步开展案例库、课程资源库的建设与更新。

根据专业学位研究生的培养要求和现代教学手段的不断发展,鼓励采用传统课堂学习与在线学习相融合的混合式教学方法。

五、课程内容

重点讲授智能运输系统基础支撑技术、智能运输系统体系框架、智能运输系统规划、智能运输系统设计与实施、智能运输系统评价等基本知识单元;介绍智能运输技术发展新趋势、综合智能运输系统介绍等拓展知识单元(见图 4-10)。

1. 智能运输系统绪论

主要介绍智能运输系统的内涵及特点,智能运输系统的构成及作用等知识点,介绍智能运输系统的发展历程、现状及趋势。

1.1 智能运输系统定义及特点

1.2 智能运输系统的发展历程、现状及趋势

1.3 智能运输系统的构成及作用

2. 智能运输系统基础支撑技术

主要介绍智能运输系统的支撑技术,包括交通信息检测技术、交通信息传输技术、交通信息处理技术、交通数据挖掘技术、交通信息发布技术、交通运行态势智能解析技术以及交通系统运行调控技术等知识点,介绍智能运输系统基础支撑技术的发展趋势。

2.1 交通信息检测技术

2.2 交通信息传输技术

2.3 交通信息数据存储技术

2.4 交通信息处理技术

2.5 交通数据挖掘技术

2.6 交通信息发布技术

2.7 交通运行态势智能解析技术

2.8 交通系统运行调控技术

1. 智能运输系统绪论
1.1 智能运输系统定义及特点
1.2 智能运输系统的发展历程、现状及趋势
1.3 智能运输系统的构成及作用

2. 智能运输系统基础支撑技术	3. 智能运输系统体系框架
2.1 交通信息检测技术	3.1 智能运输系统的体系框架
2.2 交通信息传输技术	
2.3 交通信息数据存储技术	3.2 智能运输系统的逻辑框架
2.4 交通信息处理技术	3.3 智能运输系统的物理框架
2.5 交通数据挖掘技术	
2.6 交通信息发布技术	3.4 智能运输系统的用户服务
2.7 交通运行态势智能解析技术	3.5 智能运输系统的标准规范
2.8 交通系统运行调控技术	

4. 智能运输系统规划
4.1 智能运输系统规划的基本内涵与主要内容
4.2 智能运输系统规划流程
4.3 智能运输系统规划方法

5. 智能运输系统设计与实施
5.1 智能运输系统设计的主要内容
5.2 智能运输系统设计的流程
5.3 智能运输系统的设计要点
5.4 智能运输系统设计规范与技术标准
5.5 智能运输系统实施和应用

6. 智能运输系统评价
6.1 智能运输系统评价的原则与目标
6.2 智能运输系统的评价指标体系
6.3 智能运输系统的评价方法

7. 智能运输技术发展新趋势
7.1 交通大数据分析技术
7.2 物联网技术
7.3 自动驾驶技术
7.4 北斗定位导航技术
7.5 人工智能技术

8. 综合智能运输系统介绍

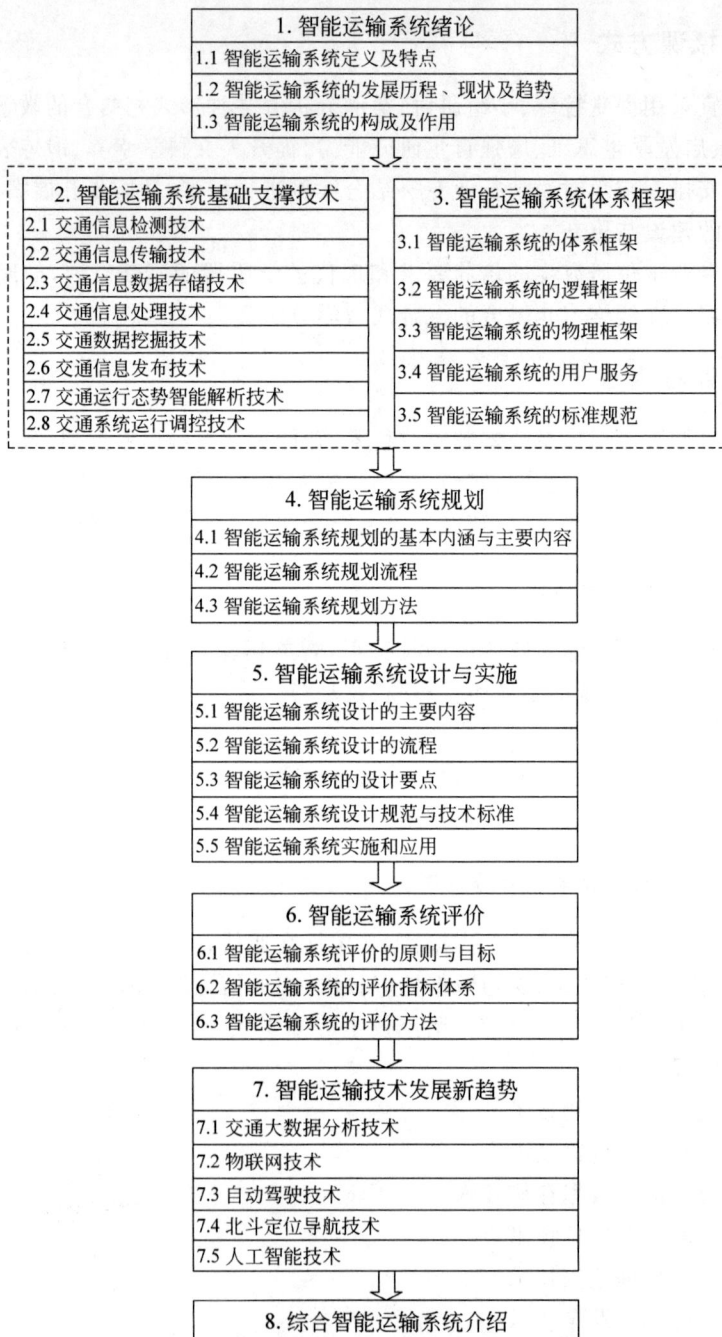

图 4-10 《智能运输系统》课程内容结构

3．智能运输系统体系框架

主要介绍智能运输系统的体系框架，包括逻辑框架、物理框架以及用户服务等知识点，介绍智能运输系统的主要相关标准规范。

3.1 智能运输系统的体系框架

3.2 智能运输系统的逻辑框架

3.3 智能运输系统的物理框架

3.4 智能运输系统的用户服务

3.5 智能运输系统的标准规范

4．智能运输系统规划

主要介绍智能运输系统的规划目标、规划内容、规划流程、规划方法等知识点。

4.1 智能运输系统规划的基本内涵与主要内容

4.2 智能运输系统规划流程

4.3 智能运输系统规划方法

5．智能运输系统设计与实施

主要介绍智能运输系统的设计内容、设计流程、设计要点等知识点。

5.1 智能运输系统设计的主要内容

5.2 智能运输系统设计的流程

5.3 智能运输系统的设计要点

5.4 智能运输系统设计规范与技术标准

5.5 智能运输系统实施和应用

6．智能运输系统评价

主要介绍智能运输系统的评价原则、评价指标、评价方法等知识点。

6.1 智能运输系统评价的原则与目标

6.2 智能运输系统的评价指标体系

6.3 智能运输系统的评价方法

7．智能运输技术发展新趋势

主要介绍智能运输的新兴技术发展趋势，包括交通大数据分析技术、物联网技术、自动驾驶技术、北斗定位导航技术等知识点，介绍人工智能技术发展给交通运输带来的新变革。

    7.1 交通大数据分析技术

    7.2 物联网技术

    7.3 自动驾驶技术

    7.4 北斗定位导航技术

    7.5 人工智能技术

8. 综合智能运输系统介绍

介绍典型的综合运输智能系统,如交通管理系统、交通信息服务系统、多式智能联运系统等。

各培养单位可根据自身的优势与特色,结合课程主要知识单元,突出某种运输方式进行讲授。

六、考核要求

本课程建议采取包括课堂讨论、期末考试、课程作业、课程报告等多种形式的综合成绩评定方法。课堂讨论通过课堂师生互动引导学生积极主动思考、提高交流技能;期末考试重点在于考查学生基础知识体系的掌握情况;课程作业要求学生独立完成,重点考查学生的综合应用能力。

课堂讨论、期末考试、课程作业、课程报告等成绩比例,由各培养单位具体考量设定。

第五章　交通运输专业学位研究生课程案例库建设

　　案例教学是通过模拟或者重现现实场景,让学生把自己纳入案例场景,通过讨论或者研讨来进行学习的教学方法,这是一种开放式、互动式的新型教学方式。案例教学使用特定的案例并指导学生提前阅读背景材料,通过组织学生开展讨论形成反复的互动与交流,实现利用各种信息、知识、经验、观点的碰撞来达到启示理论和启迪思维的目的,对提高学生分析问题和解决问题的能力有着明显的效果。交通运输专业学位研究生要求具备复杂工程技术问题分析能力,案例教学对于培养学生综合应用工程原理分析实际交通运输工程问题的能力具有重要意义,越来越多的学校关注工程领域的案例教学。

　　案例教学的基本条件是专业案例。全国交通运输工程领域工程专业学位研究生教育协作组针对交通运输专业学位研究生培养中的案例教学需求,组织开展了交通运输专业学位研究生课程教学案例制作方法与规范的研究工作。在国内外专业案例库建设调研的基础上,结合典型课程教学案例的制作与应用试点,经广泛、多次征求高校和行业专家的意见,形成了《交通运输工程专业硕士学位研究生课程教学案例编写规范》《交通运输工程专业硕士学位研究生课程教学视频案例制作规范》《交通运输工程专业硕士学位研究生课程教学案例入库标准》及《交通运输工程专业硕士学位研究生课程教学案例评审程序和标准》等规范性文件。

第一节　专业学位课程案例库建设背景

　　2009 年 3 月,教育部发布《教育部关于做好全日制硕士专业学位研究生培养工作的若干意见》(教研〔2009〕1 号),明确了开展全日制硕士专业学位研究生教育在培养高层次应用型专门人才、学位与研究生教育改革与发展,以及进一步完善专业学位教育制度方面的重要性。随后,教育部又相继发布了《教育部 人力资源社会保障部关于深入推进专业学位研究生培养模式改革的意见》(教研〔2013〕3 号)和《教育部关于加强专业学位研究生案例教学和联合培养基地建设的意见》(教研〔2015〕1 号),要求培养单位积极组织有关授课教师在准确把握案例教学实质和基本要求的基础上,致力于案例编写;并将编写教学案例与基于案例的科学研究相结合,开发和形成一批基于真实情境、符合案例教学要求、与国际接轨的高质量教学案例。在学位与研究生教育发展"十三五"规划中,案例教学成为重大建设项目之一,要求"开展案例教学,整合案例资源,完善信息化支撑平台,建设专业学位案例库和教学案例推广中心,逐步建立起具有中国特色、与国际接轨的案例教学体系"。可见,案例库建设以及案例教学是有效提高学生工程应用能力、适应国家专业学位研究生教育要求、推进教育改革的重要手段。

交通运输硕士专业学位是与交通运输行业相关任职资格相联系的工程专业学位。交通运输系统是由轨道运输、道路运输、水路运输、航空运输和管道运输这五种运输方式构成的。交通运输专业学位涵盖以上每一种运输方式中的政策制度、规划设计、施工建设、运行控制、运营管理等方面内容。交通运输行业要求高层次从业人员必须具备扎实的专业功底,能够熟练掌握交通运输系统分析与规划、交通运输设施设计、交通运输系统管理与控制、交通运输系统安全等方面知识及相关研究开发技能。传统的研究生教学模式偏重于学生理论知识的积累,虽能培养出具备扎实自然科学知识基础的人才,但学生普遍工程应用能力不强,较难适应国家经济社会发展对于交通运输系统规划、设计、建设、运营管理等方面高素质人才的需求。因此,尽快设计交通运输工程专业教学案例,建立教学案例库,探索教学改革方案,形成切实可行的案例教学模式,满足不同交通运输方式知识、技能培养要求,对涵盖多种运输方式的交通运输工程专业人才培养具有重要意义。

一、国内外案例库建设情况

1. 国外案例库建设情况

案例教学是国内外教学改革最常用的手段之一,而高质量的案例库建设则是保证良好案例教学效果的重要条件。案例教学法最早出现于 1910 年美国哈佛大学法学院和医学院的教学中;20 世纪初,案例教学开始被运用于商业和企业管理学,其内容、方法和经验日趋丰富和完善。在案例库建设方面,美国商学院具有较成熟和丰富的成果,主要体现在以下四个方面。

(1)案例库中案例数量庞大。

各高校商学院均拥有独立案例库,并且数量庞大、内容丰富,涉及不同行业、企业、管理领域,如哈佛大学的案例库中有 8000 多个案例。

(2)案例库更新及时,更新率高。

各高校商学院对案例库进行持续更新,每年案例更新率达到 30%。

(3)案例内容取材真实可靠,实践性强。

案例库中内容基本来自于案例教学教师长期跟踪、调研特定行业、企业的成果。例如美国加州波莫纳理工大学管理学院的"战略管理"课程,其案例教学教师曾长期在企业从事管理工作,具有丰富的企业战略管理实践经验,并且通过持续对行业、企业进行跟踪研究,提取案例素材,从而保证课程所使用案例的现实性和前沿性。

（4）教学辅助及硬件支持条件优越。

美国商学院的案例教学具有完善的教学辅助支持体系,其教学辅助人员众多,并能够提供诸如专业化的案例教学信息平台以及案例教学流程化管理的服务。同时,学院会为案例教学提供强有力的资金支持,如建设案例讨论教室、学生小组讨论中心等,同时也为案例开发教师提供相当数量的案例开发资金等。

在案例教学的成功推广方面,除借助以上优势外,美国各高校也十分注重对新教师案例教学能力的培养。通常,新教师在教学过程中都会有相关经验丰富的教师随堂听课,并在课后与新教师就课前准备、课堂讨论以及课后总结等方面给予详细的建议和指导。教学资料实现充分共享,任何一个教师都可以参阅其他教师的教学资料,并可以就其中的问题向其他教师咨询改进教学效果的方法。这一新教师培养机制确保了高校在研究生案例教学中具有数量充足的教师资源,并且这一资源还将在教学实践中不断充实。

2. 国内案例库建设情况

在国内,案例教学因其具备"可视化、多元化、交互性强"的优点,已得到越来越多学校和教师的关注,并被列入各高校的教学改革计划,尤其是在一些法律、工商管理类专业已经得到广泛应用。相比于经济、管理类专业,工程类专业的案例教学起步较晚,直到近几年,才有一些教师开始将案例教学运用到工程类专业教学中去。目前,专业学位案例教学资源库建设,相对于其招生规模的迅速扩大、案例教学改革发展、人才培养质量提高的迫切需要来说,明显滞后。

当前专业学位研究生课程案例库的建设存在如下主要问题:

（1）案例编写零散化,缺乏统一规范和评价标准。

在专业硕士课程教学中,尽管有些教师已经开始尝试开展案例教学,甚至构建和开发了一些实践教学内容,但其使用的教学案例却往往处于零散状态,缺乏系统化的组织和标准化评价。这些案例一般均由任课教师基于个人工程项目和教学经验进行开发和制作,较少由学科团队或专门的开发团队来组织制作,因此往往会因为缺乏制作条件和评价标准而导致案例质量不高,同时这类案例的更新频率也较低。案例编写零散化和缺乏统一规范和评价标准必然导致较难建立统一、可读性强的案例资源库，也容易出现案例质量层次参差不齐、原创性案例数量偏少、案例分析深度不够、案例内容不完全等问题。

（2）案例来源渠道较窄，案例库建设难度较高。

目前专业学位研究生课程教学中所使用的案例主要有两种类型：一是改编类案例，主要由任课教师根据媒体上公开发表的资料和相关信息，按照一定的教学目的，对其进行组织和加工而成；二是采编类案例，这一类型案例一般需要由任课教师亲自参与企业的生产实践或者去实地调研、访谈，结合应用背景和相关资料编写而成。由于采编类案例涉及企业层面，需要高校或者任课教师与企业之间开展沟通协调，获得使用权；但大多数企业对于案例采编的认可度不高，不愿意将有关信息和问题公之于众，因此给案例采编造成了很大难度。同时，由于高校目前一般尚未建立配套的案例采编激励机制和案例知识产权保护机制，任课教师开展案例编制的积极性也不高，这也在一定程度上阻碍了案例库的建设工作。

（3）案例共享平台使用度不高，案例共享性较差。

相比于国外案例库建设中配套的优质辅助团队和硬件条件，国内相关管理体系和管理流程尚未形成体系。由于案例教学在近几年才广泛受到关注，高校间尚未形成整合资源共同开发专业学位案例教学资源库的机制，也没有形成相互交流共同研讨案例教学的局面，而现有的教学案例主要由任课教师基于个人的兴趣或需要而开发完成，流传度不广、共享性较差。

（4）案例库资源推广力度弱，案例使用率低。

在专业学位研究生的培养工作中，案例教学法虽然得到了普遍的认同，但由于现有案例库资源普及推广度较弱，案例质量参差不齐，导致案例使用率低。并且由于缺乏明确的基本要求和统一规范，在研究生课程教学中，任课教师是否采用案例教学完全靠自己的兴趣与爱好，案例编制与采集也主要是个人行为，即使有个别专业领域开发或购买了规范化的案例库，这些案例资源库的使用率往往也比较低。同时，各高校以及各专业领域间缺乏有效的沟通与合作，没有建立开放性的案例资源库共享平台也进一步加剧了这种状况。

二、交通运输专业学位课程案例库建设情况

目前在交通运输专业学位课程教学中，成熟、实用的专业案例库尚未形成。调查表明，在开设相关专业的高校中，研究生培养大多数仍以传统教学授课方式为主，相对而言案例教学没有得到足够重视。

交通运输专业学位课程案例库建设问题总结如下：

1. 现有教学案例实践性不强，很多案例并非完全来自实际工程

交通运输专业学位课程教学中所应用的案例主要有三个来源：一是相关教材中提供的案例，这类案例的主要特点是数量少、更新慢、重在辅助理论知识体系的构建，与实际联系不足、针对性不强；并且案例作用的发挥受任课教师因素影响较大，较难与学生产生互动；二是来源于任课教师组织的案例，这类案例的特点是使用灵活，与教学过程结合紧密，同时，这类案例的素材来源、展现形式、分析深度与更新速度等与任课教师的工程经历、时间经验以及掌握的原始资料等诸多因素有关，没有形成成熟的模式；三是来源于社会公众的案例，这类案例的特点是简单易懂，但其普及专业知识的目的性强、专业背景较弱，不适用于研究生教学。以上大多数案例都存在与实际联系不够紧密、更新速度慢、与教学知识点脱节等问题，难以满足专业学位研究生的培养要求。

2. 案例教学方式体现不够，传统教学方式色彩浓厚

传统教学以教师讲授方式为主，即使授课过程中穿插教学案例，也多采用"教师讲授、学生接受"的被动教学方法，学生接受程度不高。其次，传统教学的优势是学生理论基础牢固，案例教学的目标是提高学生实践能力，如何将二者有机结合，一方面应用案例强化拓展知识点教学，另一方面利用传统教学知识点辅助学生理解工程问题解决过程，是推广案例教学要解决的重要问题之一。目前，针对案例教学方式的研究，以及案例教学和传统教学结合方法的研究还很欠缺。

3. 案例教学评估、考核机制尚未形成

传统教学考核方式以课程考试和提交课程报告等形式为主，案例教学因其教学方式尚未成熟，现有考核方式基本与传统教学考核方式一致。但因案例教学培养方法和培养目标与传统教学不同，应具备独立的教学评估和考核机制。

三、交通运输专业学位研究生课程案例库建设需求

交通运输专业学位研究生学位获得者应成为交通运输行业思想政治正确、具有高度社会责任感、理论方法扎实、技术应用过硬、素质全面的应用型、复合型、高层次工程技术和工程管理人才。根据国内外教学经验，案例教学因其具备"可视化、多元化、交互性强"的优点，在培养学生创造性、提高学生分析问题和沟通交流能力、提高学生实践能力方面具有很大优势。为达到专业学位研究生培养目标要求，各培养单位需要建设知识体系完整、与工程实际紧密结合的适用于

专业学位研究生培养的课程体系,重视并充分发挥案例教学优势。交通运输专业学位研究生案例教学建设可从以下方面展开。

1. 专业型研究生课程与学术型研究生课程教学内容区别化设置

在目前的硕士学位培养中,大多数培养单位的专业学位研究生课程与学术学位研究生课程教学内容差别不大,但由于二者培养目标不同,同样的教学内容并不能满足专业学位硕士的培养要求。专业学位硕士培养更加强调学生的实践能力,需要学生能够将理论知识灵活运用于工程项目中,因此需要将专业学位课程与学术学位课程教学内容区别化。依据课程培养目标,优化课程大纲,除介绍基础理论知识之外,需更加强调工程应用层面知识,从而提高学生工程应用能力。

2. 专业学位研究生课程教学形式多样化

当前研究生课程教学模式多以教师按多媒体课件进行讲授为主,这种学生被动接受知识的方法并不完全适用于专业学位培养模式,专业学位要求培养更多创新型应用人才。因此,应加强专业学位课程多样化建设,增加学生参与度高、互动性强的教学形式(案例教学、实践教学等)。其中,教师应加强对案例教学的重视程度,优质的案例教学材料不仅能为学生提供真实可靠的实际工程项目背景材料,还能将教材中知识点与工程问题处理方法有机结合,让学生充分掌握解决工程问题的思考方法,获得灵活运用理论知识的能力。另外,应深入研究案例教学方式以及案例教学和传统教学相结合的教学方法。

3. 专业学位案例库建设标准化

优质的案例资源是充分发挥案例教学效果的有效保障。在进行课程建设时,为构建高质量的教学案例库,需统一案例撰写标准和评价准则。在案例内容选择方面,满足"新、实、活"原则,即案例材料新颖、取材真实可靠、展示方式灵活,从实际工程案例中直接选取或改编成适用于教学的案例,以弥补现有案例实践性不强的缺陷;在进行案例撰写时,要充分将理论知识与工程实例内容融合,做到知识点与工程实践方法对应,并且每个案例要配备对应的案例说明书,用于辅助教师教学;在进行案例评价时,要从案例内容、案例中知识点与实践内容的结合等多个方面进行评价。

4. 建立案例教学评估和考核机制

提出针对案例教学的教学评估和考核机制。从案例教学课时数、案例取材、案例中实践与知识点的结合紧密度、学生接受度和满意度等多方面进行案例教学评估,从而加强教师对案例教学的重视,并促进案例教学的改进。同时,针对案例教学制定更灵活的考核方式,考核学生对案例的掌握程度,如可包括以下三方面考查:

(1) 自学能力考查:根据所提供资料学习专业知识的能力;

(2) 综合运用知识,解决工程问题能力的考查:根据提供的工程实例素材,进行分析、评价及改善对策制定的能力;

(3) 发现问题、解决问题能力的考查:在现实生活中,发现问题、分析产生原因、提出改善对策的能力。

5．案例教学配套资源匹配化

构建专用的案例库共享平台,并定期进行案例维护;加大对教师编写高质量案例的鼓励措施,提供优质资源;加强对教师案例教学能力的培养。

第二节　交通运输专业学位研究生课程案例制作方法

交通运输专业学位的主要研究方向,一般具有研究对象"大型化、野外化、难以实物模型化及具有一定危险性"的特点,因此在交通运输专业学位的人才培养中需要逐步建立案例库,并大力推进相应的教学方法。交通运输专业学位研究生课程案例库素材体系可包括交通运输系统规划、交通运输基础设施建造、交通运输装备制造、交通运输工具运用、交通运输过程管控、交通运输安全提升等。

一、案例内容选取

案例选取应把握体现知识、突出技能两个重点,宜做到"六点五结合"。六点包括"知识重点、研发焦点、应用热点、工程要点、教学难点、能力弱点",五结合分别为"理论知识与工程实践结合、案例素材与教学体系结合、表现形式与内容主题结合、案例应用与教学过程结合、提前准备与讲授讨论结合"。具体表现为案例必须为真实存在的、已实施并取得一定成果的工程实例;案例能够在工程领域中具有一定的代表性,能够反映工程领域主要的理论知识或关键问题;案例内容符合当前工程领域的实际情况以及未来发展的方向;案例的选材和内容应该具有一定的创新性,代表工程领域的理论和实践前沿,需要与教学内容和知识点紧密结合,符合授课要求,易于启发学生独立解决工程问题。

以具有代表性的"道路交通安全"课程为例,该课程旨在培养学生运用交通工程学基本原理、交通安全思维解决实际问题的能力,案例建设内容必须与教学知识点和教学安排紧密结合。从工程应用角度来说,从事道路设计、交通管理等工作的交通从业人员,必须明确不同交通设计要素对交通安全的重要影响,从而通过提高道路设计能力来保障交通安全。因此,不同交通要素的安全设计首先被确定为案例建设的重要内容。其次,考虑到公路交通安全是我国重点关注的安全问题,具有代表性;并且在近几年开展的公路安全生命防护工程过程中,涌现了一大批典型的道路安全工程实例。因此,结合道路交通安全课程教学重点和公路安全生命防护工程素材,制订以下案例内容:

- 交通安全设施设计:包括不同设施布设要求和方法等;
- 平面交叉口交通安全设计:包括交叉口几何设计、交叉口控制方式选择、道路出入口安全设计、非机动车与行人交通安全设计等;
- 道路沿线交通安全设计:包括路侧危险路段交通安全设计、急弯、陡坡等路段等;
- 道路组合隐患路段交通安全设计:包括交叉口、急弯、陡坡等组合隐患路段交通安全设计等。

二、案例制作过程

交通运输专业学位研究生课程案例有视频案例、文字案例等不同形式,同时应编写案例教学指导书,为进行案例教学(尤其是视频案例教学)的授课教师提供必要说明和教学帮助。

1. 视频案例制作

视频案例制作过程主要包括六个步骤,分别为:工程实例材料筛选,结合案例内容、教学重点,从实际工程项目中选取典型案例素材;补充调查,结合教学要求补充案例内容;制作视频,根据教学过程要求录制视频;撰写文本,完成案例教学设计要求文本;专家咨询,邀请开展专家案例建设研讨;教学试用,通过小班试用案例教学来完善案例制作成果。

案例具体制作过程介绍如下:

(1)工程实例材料筛选

基于课程案例研究中确定的案例内容,在教师承担的工程研究项目和企业专家承担的工程设计项目中筛选材料。

案例的材料筛选,考虑"六点五结合"的案例选取要求,从实际工程项目中选取、收集视频、照片、工程数据等材料。以"道路交通安全"课程案例为例,从众多工程项目中选取了由某高校参与的某地区生命安全防护工程项目作为案例建设材料库,从项目中收集视频、照片、工程数据等材料。

（2）补充调查

已完成的工程成果（图纸、报告等资料）往往不能直接满足案例教学的要求,因此需要开展补充调查来获取一些缺失、不足的内容,如案例背景介绍、情况说明、工作环境与技术流程的介绍等。以"道路交通安全"课程案例为例,在制作前期通过实地调查补充了详细数据等。

需要注意的是,除工程数据外,案例背景介绍、情况说明等是视频案例中不容忽视的一部分。这部分内容不仅有助于教师在教学时让学生更好地理解案例背景,也能在授课时更快地将学生带入工程实景。

（3）视频案例制作

① 知识点分解。

制定视频案例脚本是完成视频制作的首要步骤,知识点分解及与工程实例融合又是撰写视频案例脚本的关键。

以某高校"道路交通安全"课程中的平面交叉口交通安全设计案例为例,工程项目中交叉口交通安全设计主要包括隐患排查、交叉口几何设计和交叉口控制方式设计几部分。结合工程应用、教学重点以及学生接受程度考虑,该案例的教学知识点分解为交叉口常见交通安全隐患类型,隐患排查指标和数据采集方法,交叉口几何设计方法,交叉口渠化设计原则,交叉口控制方式分类,适用条件和控制方式选择等。

② 视频展示。

从展示方式角度来说,视频案例可选用实地调查所拍摄的短片和照片、利用AutoCAD绘制的交叉口和路段等示意图,以及符合教学内容的动画等进行展示。

在展示同时可结合简单而突出重点的动画效果,突出重要知识点。例如,在交叉口安全设计视频案例中,使用动画指针突出各交叉口、路段的交通安全隐患所在位置以及隐患的具体表现形式,帮助学生把握农村公路道路交通安全的问题所在,增强其发现和分析各类交通安全问题的基本能力。除此之外,视频画面可全程配备专业人员配音,对需要着重讲解的知识点以结合图片和文字或表格方式列出,力求在视觉效果良好的基础上做到简洁、清晰、易懂。

从具体展示内容的角度来说,应符合教学的逻辑性,易于学生接受。以某高校的平面交叉口交通安全设计视频案例为例,第一部分为案例简介,以背景介绍视频、照片、重要文字为主,对案例所在的区域及其所处的交通环境、交通安全基本情况等信息进行介绍,使得学生能够对工程实例背景具有宏观性的把握;第二部分为交叉口安全隐患类型展示,运用工程中实地拍摄的图片资料以及采集的基础数据对农村公路交叉口的常见隐患进行了展示,充分将学生带入工程实景之中;第三部分为交叉口安全隐患排查,着重介绍隐患排查表及其具体运用方式;第四部分为交叉口交通安全设计,其中分为几何设计以及控制方式选择两个部分,针对各个部分的教学重点内容,举出不同的实例进行详细讲解;第五部分归纳总结前述内容,并对实际工程中的设计方案或工程实施之后的效果图进行展示。

2. 文本案例编写

文本案例的内容与视频案例类似,表现方法上则更多地依托于图片、图纸与文字说明相结合的方法。

文本形式虽然不如视频案例生动直观,但说明问题的条理更为清晰,且能够在课堂教学之前让学生快速熟悉案例内容,在整个教学过程中发挥不可替代的作用。

3. 教学指导书编写

案例教学指导书即案例的"使用说明书",可以为实施案例教学(尤其是视频案例教学)的授课教师提供必要说明和教学帮助。

教学指导书应包括以下四部分:

(1)教学目标。帮助授课教师,尤其是新教师了解教学重点和对学生的教学要求。

以某高校编写的与视频案例配套《某地区农村公路平面交叉口交通安全设计案例使用说明书》为例,明确其教学目标为:

■ 掌握道路交通安全分析基本方法和交通安全设计基本要素;

■ 能够应用相关技术标准排查农村公路交通安全隐患;

■ 能够针对平面交叉口常见隐患类型,制定相应的改善对策;

■ 掌握平面交叉口几何设计和控制方式设计方法。

(2)案例讨论准备工作。该部分主要提供案例理论背景要求、主要设计依据及法规政策清单、项目概况、课前思考题等内容,用于帮助授课教师明确在进行案例教学前学生应掌握或了解的知识点。

以某高校编写的与视频案例配套《某地区农村公路平面交叉口交通安全设计案例使用说明书》为例,明确在进行案例教学之前,需要学生掌握以下背景材料,并进行课前思考:

■ 知识背景:先修课程以及主要的知识点;

■ 主要设计依据:如《道路交通标志和标线》(GB 5768—2009)、《公路工程

技术标准》(JTGB 01—2014)、《公路安全生命防护工程实施技术指南》等
相关的标准规范;

■ 项目概况:了解项目所在地区的农村公路概况,包括自然地理条件、道路
交通条件等;

■ 课前思考:明确提出学生课前需要思考的3~4个相关的技术问题。

（3）案例分析要点。帮助授课教师明确案例教学重点。

以某高校编写的与视频案例配套《某地区农村公路平面交叉口交通安全设
计案例使用说明书》为例,明确其案例分析要点为:

■ 平面交叉口交通安全隐患识别的基本方法——通过实地照片、视频展示
以及交叉口交通安全隐患排查表讲解,分析各个交叉口存在的隐患,加
深学生对安全隐患类型及排查要点的理解;

■ 平面交叉口控制方式与几何设计方案的选择——通过参数选择、方案对
比与展示的方式和过程完成讲授。

（4）教学组织方式。该部分为教学指导书的核心内容,包括案例引入、课时
分配、讲授方式、讨论总结、考核方式五部分。

案例引入应给出案例教学的切入点,如问题切入法、知识点切入法、政策法
规切入法等,为授课教师提供可参考的课程安排思路;课时分配中应给出推荐
的课时安排和知识点讲解时间分配,帮助授课教师提前了解授课时间,进行时间
分配;讲授方式中应针对各案例的不同结构、不同内容,给出建议的讲授方式,
包括"视频案例展示"与教师讲授相结合、"情景模拟法"与"启发式"相结合、"小
组讨论法"与教师讲授相结合等;课堂讨论总结部分,需要给出教学中需重点强
调的结论或需要注意的内容;考核方式部分则需要给出推荐的案例教学考核方
式或相关知识点考核方法。

视频案例及案例教学指导书开发者,作为案例相关素材的第一手拥有者,
应充分利用工程项目资料、教学试用反馈及专家反馈,完善推荐教学内容和教
学方式,使视频案例教学指导书易于使用、便于推广,充分服务于案例教学
之中。

三、案例试用完善

案例试用完善主要从教学试用和专家咨询两个方面进行。

1. 教学试用

案例撰写、拍摄制作完成后进行案例教学试用。试用内容主要包括教学辅
助性、学生接受度、学生反馈等方面。试用完成后根据教学效果与学生反馈,完

善案例成果、改进案例教学，从而为后续案例建设提供参考。

2. 专家咨询

案例编写单位邀请具有一定案例教学经验的专家学者和行业技术及管理人员，进行案例咨询和评审，从工程角度完善案例成果。

为提高案例制作的规范性，保证案例库建设质量，全国交通运输工程领域研究生教育协作组组织制订了《交通运输工程专业硕士学位研究生课程教学文字案例编写规范》《交通运输工程专业硕士学位研究生课程教学视频案例制作规范》《交通运输工程专业硕士学位研究生课程教学案例入库标准》《交通运输工程专业硕士学位研究生课程教学案例评审程序和标准》等案例库建设要求。

第三节　交通运输专业学位研究生课程教学视频案例制作规范

一、教学案例视频的范围

（1）以记录案例教学授课过程为主的案例教学示范视频；
（2）以介绍实际工程案例为主的视频案例；
（3）以介绍案例与知识点结合内容为主的教学辅助视频；
（4）以还原案例开发、编写的过程为内容的案例开发示范视频；
（5）除以上四种情况外，其他与教学案例及案例教学工作相关的视频。

二、教学案例视频呈现的内容要求

1. 案例内容要求

（1）案例的选择应该紧扣课程知识点；
（2）案例内容应以工程案例为依据，紧密结合课程知识点；
（3）通过案例内容，引导学生发现、思考和提出解决问题的建议方案。

2. 视频拍摄要求

（1）案例视频应较之文字内容有更强的可视性，易于学生了解工程场景，理解课程知识点与工程实际的联系；
（2）案例视频应反映教师的教学思想、设计思路、教学特色和教师风貌；
（3）案例视频片头应展示课程名称、案例名称、教师姓名、制作时间等必要信息；

（4）案例视频表现形式可以为展示型、角色扮演型、讲座型、综合型等，应根据案例视频主要内容和目的，选择最为合适的表达形式；

（5）案例视频中的访谈类内容应具有多种观点，包括访谈对象多样化、评价角度多样化；

（6）案例视频的图像清晰稳定、构图合理、声音清楚。

三、教学案例视频拍摄的相关标准及要求

教师自行选择以下两种方式进行视频拍摄。

1. 教师自行录制

（1）视频格式：Rmvb、mp4、3gp、avi 等常用格式。

（2）拍摄工具：手机、小型摄像机均可。

（3）视频长度：视频案例 5～30 分钟，案例教学视频 15～60 分钟，依拍摄内容而定。

（4）图像/声音：图像不偏色，不过亮/过暗。人、物移动时无拖影耀光现象。声音和画面同步，无明显失真，无明显噪声、回声或其他杂音，无音量忽大忽小现象，解说声与现场声无明显比例失调。

2. 教师邀请拍摄团队录制

（1）团队人数：5 人以上的拍摄和制作团队，拍摄团队包括编导、摄影、摄助、服装/化妆、灯光、场务等，制作团队包括剪辑、调色、后期包装、美工、录音等；

（2）摄影器材：摄像机、灯光设备、导播台及录音设备；

（3）编导：对整体风格和画面镜头有较强的掌控能力，在案例教学视频拍摄文案方面有较强的文字撰写功底，能够有效地组织协调整个摄制组各个技术环节的工作；

（4）摄影、摄助：能够熟练操作各类摄影器材，在镜头语音方面有一定的创作能力，有效地帮助编导对视频整体画面风格进行把握；

（5）灯光：对影视照明基本原理熟练掌握，对画面语言有独立的认识；

（6）录音：前期课堂声音的录制及音视频素材管理；

（7）服装、场务：提供老师的穿着建议，满足当天老师的化妆需求，场务需配合编导及摄影师的工作；

（8）剪辑：熟练使用各种非线性剪辑软件，协助编导完成视频的细节调整；

（9）调色：针对视频调整舒适、适合教学环境的色调；

（10）录音：前期课堂声音的录制及音视频素材管理；

（11）包装、美工：熟练使用 AE、3DMAX 包装软件，为影片完成特技制作和包装；

（12）拍摄机位：依拍摄环境，4 台及以上；

（13）灯光：6 台 LED CE-1500WS；

（14）画面大小：1920×1080 像素；

（15）画面质量：1600～5000 比特率；

（16）视频格式：MP4、MOV、MPEG2；

（17）视频时长：视频案例 5～30 分钟，案例教学视频 15～60 分钟，依拍摄内容而定；

（18）视频帧速率：每秒 25 帧；

（19）中国视频制式：PAL 制。

四、案例教学指导书

视频案例必须配备相对应的案例教学指导书。案例教学指导书是用来向使用此案例教学的教师提供视频中未提及的背景信息及注意事项的文件，供教师备课时参考。

案例指导书主要包括下列项目：

（1）本案例需要解决的关键问题，即通过案例讨论要实现的教学目标。

（2）案例讨论的准备工作，即需要学生事先掌握的背景材料，包括理论背景、行业背景、制度背景等。

（3）案例分析要点，即通过案例分析要解决的知识点。

① 需要学生识别的关键问题；

② 根据案例相关的知识点提出解决问题的可供选择方案，并评价这些方案的利弊得失；

③ 推荐解决问题的方案及具体措施。

（4）教学组织方式，即为了对在课堂上如何就这一特定案例进行组织引导提出建议。

① 问题清单及提问顺序、资料发放顺序；

② 课时分配（时间安排）；

③ 讨论方式（情景模拟、小组式、辩论式等）；

④ 课堂讨论总结。

第四节　交通运输专业学位研究生课程教学文字案例制作规范

一、内容规范

教学案例应用中文撰写,采用国家正式公布实施的简化汉字和法定的计量单位,要求内容完整、准确,层次分明,数据可靠。

教学文字案例应包括案例正文及案例教学指导书两部分。

1. 案例正文

交通运输工程教学案例的组成部分包括标题、正文、结尾和其他材料。

（1）案例标题

案例的标题应当采用中性的词语,主要目的是提供给案例使用者分析问题的素材。可以采用素描型和问题提示型两类。

素描型题目,没有任何的感情色彩,使人无法窥探到案例的真实目的,通常采用案例中的企业或者单位的名称作为标题。

问题提示型题目,在客观的基础上,稍微透露案例的基本信息,如这是一个什么性质的案例,发生在哪里,什么时间发生的什么事件等,便于读者从题目上联想到案例的主题或内容梗概。

（2）案例正文

案例正文应体现案例的地点、时间、关键问题等相关背景,以便使用者对案例形成初步的整体印象。案例正文应当根据需要分节,每节可配以小标题,以便层次分明。

正文是案例的主体。主要是介绍所涉及的基本情况及背景等,具体究竟交代哪些方面的情况,视案例的目的和教学的需要而定。

案例正文应包含背景资料和主题内容两部分。背景资料应当剪裁适度。主题内容对于实例的陈述应客观真实、不出现作者的评论分析;在提出方案时,应有相关方案的实现方法及效果介绍;比选方案时,宜给出仿真结果、动画效果或数值计算结果,易于读者直观判断。在正文部分,除了将有关情况交代清楚以外,还要注意情节的生动性描写,制造一些发展高潮,以加深印象,引起使用者浓厚兴趣。

（3）案例结尾

案例结尾是对正文的总结。可以采用启发式的思考题作为结尾。

（4）其他材料

作为完整的可供教学使用的案例，如有必要，还可以包括以下要素：

- 脚注。对正文中某些技术问题、公式、历史情况等的注释，常以小号字附于有关内容同页的下端，以横线与正文断开。
- 图表。在必要的情况下，图表可插到正文相关位置，但为了版面简洁，应把图表布置在专页或篇尾。所有的图表都应编号，设标题，及必要的说明；而正文中与图表相联系处，则应用括号注明"请参阅附图×"。
- 附录。作用跟脚注基本一样，只是由于内容较多、较长，不宜插附于正文之中。除非案例本身的主题就是属于技术性较强的专业范围，否则过多的技术性细节描述就不宜插于正文内，从而放入附录，以备分析者必要时参考之用。一般在交通运输领域中，可将设计图、数据等作为附件。
- 参考文献。参考文献书写格式应符合《信息与文献　参考文献著录规则》（GB/T 7714—2015）。

总之，案例的编写方法并不一定是按固定的格式编写的。无论怎样去组织素材编写案例，都应达到这样的目的：案例描述的情节能使人进入"角色"——某事件亲历者的角色，进入"现场"——案例提供的特写情景，面临"问题"——描述介绍，深层隐含，作设计或决策分析，从中掌握到足够的知识和提高学习使用者的能力。

2. 案例教学指导书

文字案例必须配备相应的案例教学指导书。案例教学指导书是用来向使用此案例教学的教师提供案例正文中未提及的背景信息及注意事项的文件，并无权威的约束力，仅供教师备课时参考。

案例指导书主要包括下列项目：

（1）本案例需要解决的关键问题，即通过案例讨论要实现的教学目标。

（2）案例讨论的准备工作，即需要学生事先掌握的背景材料，包括理论背景、行业背景、政策背景、技术标准背景等。

（3）案例分析要点，即通过案例分析要解决的知识点。

- 需要学生识别的关键问题；
- 根据案例相关的知识点提出解决问题的可供选择方案，并评价这些方案的优缺点或利弊得失；
- 推荐解决问题的方案及具体措施。

（4）教学组织方式，即为了对在课堂上如何就这一特定案例进行组织引导提出建议。

■ 问题清单及提问顺序、资料发放顺序；

■ 课时分配（时间安排）；

■ 讨论方式（情景模拟、小组式、辩论式等）；

■ 课堂讨论总结。

（5）其他

如有必要，还可以明确以下要素：

■ 计算机支持。列出支持案例教学内容的计算机程序和软件包、其可得性，以及如何在教学中使用它们的建议或说明。

■ 视听辅助手段支持。列出可得到的、能与案例一起使用的电影、录像、幻灯片、剪报、样品、模型和其他材料等。

（1）～（4）为案例教学指导书的必选内容，第（5）部分则可以根据案例编写的不同目的和具体用途，结合实际情况来加以选择，也可以根据需要适当增加相应项目。

二、格式规范

中文采用宋体简化汉字，英文和阿拉伯数字均应采用 Times New Roman 字体。

1. 案例格式

（1）案例题目

居中，宋体三号加粗。段落间距：段前空两行，段后空一行。

一级标题：左起空两字符，宋体小三号加粗。段落间距：段前空一行，段后空 0.5 行。

二级标题：左起空两字符，宋体四号加粗。段落间距：段前空 0.5 行，段后空 0 行。

正文：除图题、表题之外，均采用小四号。

（2）标题

一、二、三；（一）（二）（三）；1. 2. 3；（1）（2）（3）。

（3）图表

一律用阿拉伯数字分章连续编号，如图 1-3、表 2-1。图题和表题采用中文，居中，五号；图表内容：小五号。

（4）字距和行距

全文一律采用无网格、1.5倍行距。

（5）页码

第一页从正文标注，直至全文结束。页码位于页面底端，对齐方式为"居中"。

（6）附录

依次编为附录1，附录2。附录中的图表公式另行编排序号"附录1-"。

2. 案例指导书格式

题目：××××案例指导书。其他格式要求同"1. 案例格式"。

第五节　交通运输专业学位研究生课程教学案例入库标准

一、总体要求

案例教学已经成为专业学位研究生教育中的一种重要教学方法。交通运输作为实践性、应用性强的工程类专业，案例教学应用尤为重要。通过推进案例教学，可进一步加强对交通运输专业学位研究生实践应用能力的培养，不断推进以产学合作为中心、以实践应用能力培养为重点的专业学位研究生培养模式的改革，是创新专业学位研究生培养模式、提高专业学位研究生培养质量的重要举措。

交通运输工程专业教学案例应能够如实反映交通运输系统的真实情况，体现交通运输工程理论知识与实践相结合的真实过程，教学案例中要尽可能采用现场照片、音视频等素材，便于教学对象以及其他使用者的学习和使用。

二、教学案例入库原则

（1）真实原则：案例内容必须真实，需选取已验收且相关设计方案已建设实施的工程类项目。

（2）典型原则：案例内容要在交通运输行业中具有一定的代表性，能够充分体现交通运输系统的主要理论知识及关键问题。

（3）实效原则：案例内容应符合当前交通工程领域的实际情况以及未来发展的方向。

（4）完整原则：案例应该编写完整，符合案例教学的内容要求、体系完善。

（5）启发原则：案例的选材和内容应该具有一定的创新性，能够代表交通运输工程的理论和实践前沿，可附需要学生讨论的问题，给学生思考的空间，启发学生独立解决问题。

（6）多样原则：国外案例与国内案例相结合的原则，并结合我国的国情和时代背景，研发本土案例。

（7）适用原则：教学案例在内容上具有适应性，应能够对具有交通运输工程专业的学校普遍适用，同时格式上具有通用性，并且案例应当充分考虑教学时间安排，保证学时合理。

（8）版权原则：提交的案例要符合版权要求，未经案例库主管部门或知识产权拥有者同意，不得做他用。

三、案例评审程序和标准

为做好交通运输工程专业学位研究生课程教学案例入库工作，根据全国工程专业学位研究生教育指导委员会有关文件，结合交通运输工程专业研究生教学、培养实际情况，制定如下评审程序和标准。

1. 工作组织

案例库建设立项单位组织实施。

2. 评审专家

根据交通运输工程专业学位所属行业，领域协作组负责组建交通运输工程硕士专业学位研究生教学案例评审专家组。评审专家可包括交通运输工程领域培养单位的专家学者，以及具有一定案例教学经验的专家和行业专业技术及管理人员。

3. 评审原则

（1）真实原则：案例内容必须真实。

（2）适用原则：教学案例在内容上具有适应性，应能够对具有交通运输工程专业的学校普遍适用，同时格式上具有通用性，并且案例应当充分考虑教学时间安排，保证学时合理。

（3）启发原则：案例的选材和内容应该具有一定的创新性，能够代表交通运输工程的理论和实践前沿。

（4）公正原则：案例评审委员应公平审议每一份送审案例，根据案例的实际情况进行评判，给出最终评审结果和意见。

（5）公开原则：送审案例清单、评审活动情况和评审结果应及时对外公开，其他人员可参与旁听评审过程，监督评审工作。

4．评审程序

案例库建设立项单位负责案例的汇总，评审方式和评审次数等评审方案的确定。

（1）形式审查

各案例库建设立项单位应在交通运输工程硕士专业学位研究生教学案例评审专家组中选择专家组成评审委员会。

评审委员会根据交通运输工程专业硕士学位研究生教学案例库有关入库案例体例规范方面的基本要求，对参选案例进行形式审查，对不符合规范要求的参选案例，取消其参选资格，并将有关参选案例退回相关单位或个人。

（2）案例评审

评审专家需要对参评的案例进行全面、细致的评阅，对案例的内容、形式、表达等提出自己的评审意见，填写《交通运输专业学位研究生教学案例评审意见表》（评审表见表 5-1）。

表 5-1　交通运输专业学位研究生教学案例评审意见表
（建议采用 5 分制）

案例基本信息				
案例编号		来稿时间		
案例名称				
案例类型				
案例适用课程				
案 例 评 审				
第一部分　案 例 正 文				
分值/评分点	5	4	3	2	1
选题的典型性和代表性	□非常典型	□典型	□比较典型	□一般	□差
内容的实效性	□非常强	□强	□比较强	□一般	□差
案例的真实性	□已建成或通过评审	□	□正在建设	□	□未建设实施
内容的完整性	□非常完整	□完整	□比较完整	□一般	□差
案例的可读性	□非常强	□强	□比较强	□一般	□差
写作的规范性	□非常规范	□规范	□比较规范	□一般	□差

续表

第二部分　教学使用说明				
分值/评分点	5	4	3	2	1
教学目标设定的合理性	□非常合理	□合理	□比较合理	□一般	□差
讨论思考题与教学目标的紧密程度	□非常紧密	□紧密	□比较紧密	□一般	□差
理论知识点分析的清晰程度	□非常清晰	□清晰	□比较清晰	□一般	□差
课堂计划的合理性	□非常合理	□合理	□比较合理	□一般	□差

评 审 结 果				
总分				
建议处理结果	□入库	□修改后入库	□修改后再审	□退稿

评 审 意 见
评审意见(版面不够请另附纸)：   签名：

审 稿 人 信 息					
审稿人		职称		评审日期	
工作单位		电话	办公		
邮寄详细地址			手机		
研究方向					
E-mail		邮政编码			

审 稿 要 求
1. 评价案例的典型性,是否适合作为专业学位研究生教学案例;
2. 评价稿件的水平(如数据可靠性、可读性、描述客观性、案例完整性、潜在的理论价值等);
3. 可以采用的稿件,请对其需要修改的地方尽量具体地指出;
4. 对于不宜采用的稿件,请说明具体理由或努力方向。

（3）公示

为提高评选的透明度，确保公正公平，交通运输工程专业硕士学位研究生教学案例评审委员审议通过的教学案例名单应当设立为期不少于五个工作日的公示期。

任何单位或个人如果发现公示案例存在剽窃、作假、失实等问题，可在公示期内以书面方式向教委会提出异议，由教委会组织专家进行复审。并应当对提出异议的单位或个人的有关信息予以保密。

（4）入库

通过评审的案例，由各案例库建设立项单位提交教育部学位与研究生教育发展中心"中国专业学位教学案例中心"平台。中国专业学位教学案例中心全年接受教学案例的投稿，收到后系统进行编号和信息录入。

5. 评审结果

案例评审结果分为四种类型：

（1）评审优良，无任何修改意见或得分在 4.0 分以上（含 4.0 分）的案例可直接入库（建议采用 5 分制）；

（2）简单修改后即可达到入库标准或 3.5≤得分＜4.0 的案例经修改后可入库；

（3）修改幅度较大或 3.0≤得分＜3.5 的案例，需修改后重审，再审达到入库标准后可入库；

（4）评审结果为不宜入库或得分低于 3 分的案例予以退稿。

6. 评审管理

（1）每年以调研问卷、使用意见征询、教学研讨等形式，针对各高校教学案例使用者进行入库案例的使用效果评价。

（2）评审费由各案例库建设立项单位从案例建设经费中支出，建议 400 元/篇。

第六章　交通运输专业学位能力要求

　　交通运输专业学位获得者在掌握坚实基础理论和宽广专业知识的同时,应在行业领域的某一方向具有独立担负工程规划、工程设计、工程实施、工程研究、工程开发、工程管理等专门技术工作的能力(硕士),以及解决复杂工程技术问题、进行工程技术创新、组织工程技术研发工作的能力(博士)。在构建交通运输专业学位知识体系的同时,应根据专业学位的人才培养定位,注重塑造研究生的专业能力。专业能力是专业学位研究生综合素质与职业能力的个性化展示,本章主要介绍交通运输专业学位的基本能力要求、能力培养路径以及能力达成认证的探索与实践。

第一节　交通运输专业学位的基本能力要求

　　为了明确交通运输专业学位的基本能力要求,经过分析研究国际工程联盟(International Engineering Alliance,IEA)汇总的《华盛顿协议》《悉尼协议》《都柏林协议》《国际专业工程师协议》《国际工程技术协议》和《亚太工程师协议》提出的毕业生职业能力,《华盛顿协议》提出的毕业生能力概要与交通运输专业学位研究生的培养能力要求最接近,毕业生应具备能力的 12 个关键词如表 6-1 所示。在走访调研用人单位的基础上,交通运输专业学位研究生的期望能力可分为 14 项,分别是:

　　(1) 专业深度;

　　(2) 专业宽度;

　　(3) 城市规划、经济、管理等相关领域知识;

　　(4) 综合素养;

　　(5) 工程职业道德与社会责任感;

　　(6) 专业工具应用能力;

　　(7) 工程设计与开发能力;

　　(8) 综合处理问题能力;

　　(9) 批判性思维与创新能力;

　　(10) 获取与应用信息的能力;

　　(11) 终身学习能力;

（12）交流沟通能力；

（13）团队合作能力；

（14）多元文化交流和国际合作能力。

14 个能力选项与《华盛顿协议》提出的毕业生能力概要对照如表 6-1 所示。

表 6-1　用人单位对专业学位研究生能力要求与《华盛顿协议》毕业生能力关键词对照

编号	《华盛顿协议》的毕业生能力关键词	我国用人单位对交通运输专业学位研究生的能力要求	属性说明
1	工程知识	专业深度	
		专业宽度	
		城市规划、经济、管理等知识	
2	分析与解决问题	综合处理问题能力	
3	工程师与社会	综合素养（数学、自然科学、人文、生态、法律知识等）	懂得工程问题对全球环境和社会的影响
4	环境与可持续性	批判性思维与创新能力	
5	工程设计与开发	工程设计与开发能力	
6	调研	获取与应用信息的能力	
7	现代工具的应用	专业工具应用能力	
8	职业道德	工程职业伦理与社会责任感	
9	独立工作与团队工作	团队合作能力	
		多元文化交流和国际合作工作能力	
10	沟通与交流	交流沟通能力	
11	终身学习	终身学习能力	
12	项目管理与财务		理解工程项目管理和经济决策知识，具有在多学科环境下管理项目的能力

一、交通运输专业学位的能力期望

本书作者根据随机抽取 25 个用人单位的 85 位高级工程师对交通运输专业的合格工程师期望能力评分，来分析专业学位研究生应具备的职业发展能力的结构需求。

表 6-2 为交通运输工程师能力期望得分情况，根据评分结果，列出每项能力最高分、最低分和平均分。最高分和最低分差值越小，说明对该项能力的共识度

越高；期望能力的平均分高，推断该项能力为必备能力。按照这样的逻辑将工程师期望能力进行归类和排序：第一类：工程职业伦理与社会责任感，团队合作能力，交流沟通能力，共 3 项；第二类：综合处理问题能力，终身学习能力，专业深度，专业工具应用能力，获取和应用信息的能力，专业宽度，共 6 项；第三类：工程设计与开发能力，批判性思维与创新能力，共 2 项；第四类，城规、经济、管理等相关知识、多元文化交流和国际合作工作能力，综合素养，这 3 项能力在归类时期望能力分数差值较大或平均分明显低于其他分项指标。

表 6-2 交通运输工程师能力期望分析

能力关键词	工程师期望能力评分			
工程师能力分项	最高分	最低分	差值	平均分
工程职业伦理与社会责任感	100	70	30	89
团队合作能力	100	70	30	88
交流沟通能力	100	70	30	88
综合处理问题能力	100	60	40	87
终身学习能力	100	60	40	87
专业深度	100	60	40	86
专业工具应用能力	100	60	40	86
获取与应用信息的能力	100	60	40	85
专业宽度	100	60	40	84
工程设计与开发能力	100	60	40	84
批判性思维与创新能力	100	60	40	84
城市规划、经济、管理等知识	100	50	50	79
多元文化交流和国际合作工作能力	100	40	60	79
综合素养(数学、自然科学、人文、生态、法律知识等)	100	40	60	77

　　国际上工程教育对学生学习的产出标准分为一般学习产出和特殊学习产出。一般学习产出包括"知识和理解""智力能力""实践技能"和"通用的可转移技能"。可转移技能包括解决问题、交流和与他人一起工作，以及有效利用通用的 IT 设备和信息检索的技能，还包括作为终身学习基础的自学计划和表现改进。特殊学习产出包括："由相关工程学会定义的支撑性的科学和数学，以及相关的工程学科""工程分析""设计""经济、社会和环境背景"和"工程实践"。

　　参考以上国际工程教育的学生学习产出大类标准，按照关联性、得分进行归并，形成五大要素构成的能力结构——职业道德、合作与交流能力、知识、专业技能和实践技能、智力(或素质)，如表 6-3 所示。

表 6-3 交通运输专业学位研究生能力结构

能 力 结 构	控 制 指 标
职业道德	工程职业伦理与社会责任感
合作与交流能力	团队合作能力,含国际合作
	交流沟通能力
知识	支撑交通运输工程的数学、自然科学、人文、生态、法律知识等专业深度
	专业宽度
	城规、经济、管理等相关知识
专业技能和实践技能	专业工具应用能力
	综合处理问题能力
	获取与应用信息的能力
	工程设计与开发能力
智力(或素质)	终身学习能力
	批判性思维与创新能力

二、交通运输专业学位能力的培养方法

参考玫瑰图示意方法,做出图 6-1 的工程师、专业学位硕士和学士各项期望能力评分玫瑰图。最外圈虚线为 100 分,工程师期望能力为第二条线,第三条线和第四条线分别是应届专业学位硕士和学士各项期望能力线。

专业学位研究生期望能力与工程师能力的分数差距较小,说明用人单位对硕士期望能力较强、毕业时应接近工程师的能力与水平。

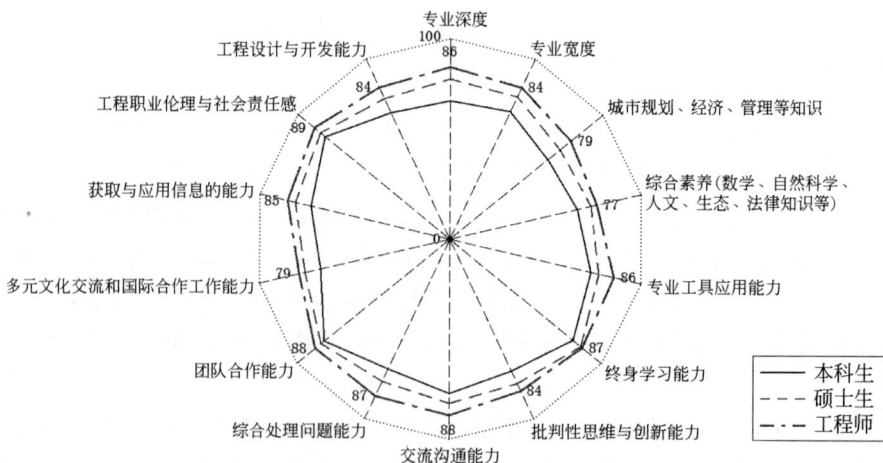

图 6-1 工程师、应届专业学位硕士和学士期望能力分析

在此基础上,采用定量分析方法,即通过能力期望分值差距的统计数据分析,研究提出交通运输专业学位研究生的培养关注度。

根据分析结果,交通运输专业学位研究生培养需要首要关注的能力要求见表 6-4,研究生与本科生培养能力标准对比见表 6-5。

表 6-4　交通运输专业学位研究生能力培养关注度

编号	《华盛顿协议》的毕业生能力关键词	我国用人单位对硕士的能力要求	交通运输专业学位研究生培养关注度
1	工程知识	专业深度	首要关注
		专业宽度	首要关注
		城市规划、经济、管理等知识	加强关注
2	分析与解决问题	综合处理问题能力	首要关注
3	工程师与社会	综合素养(数学、自然科学、人文、生态、法律知识等)	加强关注
4	环境与可持续性	批判性思维与创新能力	首要关注
5	工程设计与开发	工程设计与开发能力	首要关注
6	调研	获取与应用信息的能力	加强关注
7	现代工具的应用	专业工具应用能力	首要关注
8	职业道德	工程职业伦理与社会责任感	加强关注
9	独立工作与团队工作	团队合作能力	加强关注
		多元文化交流和国际合作工作能力	加强关注
10	沟通与交流	交流沟通能力	加强关注
11	终身学习	终身学习能力	加强关注
12	项目管理与财务	项目管理能力	加强关注

表 6-5　交通运输专业学位研究生与本科生培养能力标准对比

编号	关键词	本科生培养能力标准	专业学位硕士研究生培养能力标准
1	工程知识	**A1 工程知识**:能够将数学、自然科学、工程基础和专业知识用于解决复杂工程问题	工程相关的数学、自然科学与专业知识的学习与**综合理解**能力

编号	关键词	本科生培养能力标准	专业学位硕士研究生培养能力标准
2	工程问题的分析	**A2 问题分析**：能够应用数学、自然科学和工程科学的基本原理，识别、表达并通过文献研究分析复杂工程问题，以获得有效结论	具有综合应用工程原理分析复杂工程问题、**理解其局限性**的能力，**批判性**地获得有效结论
3	工程的设计与开发能力	**A3 设计/开发解决方案**：能够设计针对复杂工程问题的解决方案，设计满足特定需求的系统、单元（部件）或工艺流程，并能够在设计环节中体现**创新意识**，考虑社会、健康、安全、法律、文化以及环境等因素	综合运用工程知识和专业理论，针对复杂工程问题独立设计有效的解决方案
4	创新		熟悉本专业前沿、现状和发展趋势。具有提取和评估相关数据并运用工程分析技术**求解不熟悉问题**的能力，或具有使用基础知识**研究新技术**的能力
5	实验的设计、实施及分析	**A4 研究**：能够基于科学原理并采用科学方法对复杂工程问题进行研究，包括设计实验、分析与解释数据，并通过信息综合得到合理有效的结论	针对具体工程问题，**独立设计和实施工程实验**，并科学地分析和处理数据，得出可验证的实验结论。独立设计实验方案并组织实施工程实验；具有整理、分析、评估实验数据的能力，并能科学进行数据分析；提出可验证的实验结论，并能识别实验与工程的差异，**正确评估实验结论的信度和适用范围**
6	现代工具的应用	**A5 使用现代工具**：能够针对复杂工程问题，开发、选择与使用恰当的技术、资源、现代工程工具和信息技术工具，包括对复杂工程问题的预测与模拟，并能够理解其局限性	相同

编号	关键词	本科生培养能力标准	专业学位硕士研究生培养能力标准
7	工程与社会	**A6 工程与社会**：能够基于工程相关背景知识进行合理分析，评价专业工程实践和复杂工程问题解决方案对社会、健康、安全、法律以及文化的影响，并理解应承担的责任 **A7 环境和可持续发展**：能够理解和评价针对复杂工程问题的专业工程实践对环境、社会可持续发展的影响。	了解与本专业相关的职业和行业的生产、设计、研究与开发、环境保护和可持续发展等方面的方针、政策和法律、法规，能正确认识工程对经济、环境、健康、安全、可持续发展、法律以及文化的影响，并理解应承担的责任
8	人文素养和职业道德	**A8 职业规范**：具有人文社会科学素养、社会责任感，能够在工程实践中理解并遵守工程职业道德和规范，履行责任	相同
9	个人和团队	**A9 个人和团队**：能够在多学科背景下的团队中承担个体、团队成员以及负责人的角色	相同
10	沟通与交流	**A10 沟通**：能够就复杂工程问题与业界同行及社会公众进行有效沟通和交流，包括撰写报告和设计文稿、陈述发言、清晰表达或回应指令，并具备一定的国际视野，能够在跨文化背景下进行沟通和交流	相同
11	项目管理	**A11 项目管理**：理解并掌握工程管理原理与经济决策方法，并能在多学科环境中应用	相同
12	终身学习	**A12 终身学习**：具有自主学习和终身学习的意识，有不断学习和适应发展的能力	具有自主学习和终身学习的意识和**技能**，具有不断学习和适应发展的能力

以上 12 项能力要求较为完整地体现了国际工业界和工程教育界对专业学位研究生的知识、能力和综合素质要求,包括 6 项解决工程实际问题的"硬技能"和 6 项工程创新必备的"软技能"。其中 1~6 项硬技能与 EUR-ACE 认证标准中的"知识和理解、工程分析、工程设计和工程实践能力"相当,第 7~12 项软技能相当于"可迁移技能"。专业学位硕士研究生培养能力标准(或毕业要求)可与我国本科层次工程教育认证标准和 EC2000 的相关标准相对应。

第二节　交通运输专业学位的能力培养路径

一、支撑培养目标的能力培养要求

交通运输专业学位研究生的培养定位是培养交通运输工程领域高层次应用型专门人才。主要包括:

(1)掌握交通运输专业学位以及某研究方向的基础理论和系统的专业知识;

(2)具有较宽广的人文社科知识,具有社会责任感、良好的职业道德和职业作风;

(3)承担交通运输领域专业技术或管理工作,主持和组织科研与开发,并取得一定成果;

(4)熟悉交通运输工程领域发展动态与技术前沿;

(5)熟练掌握一门外语,具备使用外语开展专业领域国际交往与交流的能力。

上述培养目标可进一步分为三个子目标:知识、职业素养、能力(又可细分为专业技术能力、组织与管理能力、创新能力)。如表 6-6 所示。

表 6-6　交通运输专业学位支撑培养目标的能力培养要求

培 养 目 标	支撑各项子目标的毕业要求描述
知识	具有从事工程工作的相关科学知识和管理知识,掌握交通运输以及特定研究方向系统的专业知识、基础理论和技术手段。具有一定的计算机知识和应用能力,具有信息科学、大数据等方面的前沿知识;具有综合理解能力及在复杂工程问题中运用能力

培养目标		支撑各项子目标的毕业要求描述
职业素养		具有较宽广的人文社科知识;具有社会责任感;具有良好的职业道德和职业作风,能够严格遵守职业特点所要求的道德准则和行为规范;具有良好的职业行为,具有正确的竞争意识、协作意识及奉献精神;具有坚定的职业信念,能够从容应对职业中所遇到的困难和坎坷
		有工程实践经历;理解与本行业相关的法律法规、标准规范、政策方针,理解其强制性与弹性要求;了解并能正确评估专业工程实践和复杂工程问题解决方案对社会、健康、安全、法律以及文化等方面的影响;能够在方案设计和评估决策阶段综合性考虑社会影响和社会效益,理解应承担的社会责任
能力	专业技术能力(研发、解决重要工程问题)	具有综合运用工程原理和相关知识将复杂工程问题进行问题结构和逻辑框架解析,并识别关键问题与技术难点;能够针对关键问题提出有效技术路径;能够评估工程问题复杂程度,进行目标分解并达成
		设计实验方案并组织实施工程实验;具有整理、分析、评估实验数据的能力,并能进行数据分析;提出可验证的实验结论,并能识别实验与工程的差异,正确评估实验结论的信度和适用范围
		解析复杂工程问题,明确工程需求,提出解决对策,选择合适的工程技术方法,系统设计多种解决方案;能通过多维度系统性评估方法综合评价方案优劣及其可行性;具有方案决策、整合资源、主持实施综合性工程任务的能力
		熟练运用计算机等进行文献及数据分析、成果表达;能够选择、运用合适的现代工程工具、信息技术工具和本专业相关软件系统分析解决工程问题;了解工具的基本原理,理解工具应用的适用性和有限性,能够进行专业相关的工具及软件的集成优化和二次开发
	组织与管理能力	具有自我管理能力;能够在跨学科专业、多国家地域和文化背景的团队中有效合作;能够在团队中承担不同角色,并切实发挥团队作用;具有一定的团队领导能力,能够担当团队负责人角色
		具备与业界同行和社会公众针对复杂工程问题进行有效沟通和交流的能力;熟练掌握一门外语,能够进行学术、工程和公众等方面的沟通交流
		具备工程项目管理的知识和方法,能够把握项目目标和要求,合理评估可用资源,制定项目管理计划;能够根据目标和计划,组织人力资源,在项目进程中对进度、成本、质量等进行综合管理,并能在多学科跨专业环境中有效协调;能够识别变化和风险
	创新能力	熟悉本专业现状及发展趋势,对专业前沿持续关注;具有发现本领域新问题、新技术的能力;具有分析、评估、选择相关数据、技术方法研究专业新问题的能力;具有使用基础知识进行技术创新的能力
		具备进取、变通、自省的意识;了解开放式学习渠道,具备终身学习技能;能够适应不同工作环境和工作条件,并进行自我调整;保持开放心态,关注领域热点和发展趋势,有意识地进行知识结构更新

交通运输专业学位注重培养学生建立系统观，训练思维的层次性，形成开放的思路，促进自我提升、发挥特长。

二、交通运输专业学位的能力培养路径

交通运输专业学位的能力培养，主要通过课程教学、专业讲座、科研训练、企业实习、学位论文等途径和环节，并采用质量评价和反馈机制，在培养过程中实现和形成。表 6-7 为研究提出的能力培养实现路径。

表 6-7　交通运输专业学位的能力培养路径

评价指标	相关教学活动及学术考核方式		评价人	评价周期	形成的记录文档
1. 人文素养和职业道德	课程教学	课程作业及考试	课程教师	3 年	试卷或课程作业，成绩单
	企业实习	实习报告	企业导师和答辩委员会		实习报告专家意见单
	科研项目	导师考核	导师		导师科研评价表
	学位论文	预审、专家评阅、论文答辩	专家		预审评价表、专家评阅意见表、论文答辩表
2. 工程知识	课程教学	课程作业及考试	课程教师	3 年	试卷或课程作业，成绩单
	专业讲座	讲座报告	评阅教师		签到单及成绩单
3. 工程问题分析	课程教学	课程作业及考试	课程教师	3 年	试卷或课程作业，成绩单
	论文开题	开题报告及答辩	答辩委员会		开题报告及专家意见单
	专业讲座	讲座报告	评阅教师		签到单及成绩单
4. 实验的设计、实施及分析	课程	课程作业及考试	课程教师	3 年	试卷或课程作业，成绩单
	科研项目	导师评价	导师		导师科研评价表
	学位论文	预审、专家评阅、论文答辩	专家		预审评价表、专家评阅意见表、论文答辩表

续表

评价指标	相关教学活动及学术考核方式		评价人	评价周期	形成的记录文档
5. 工程设计与开发能力	课程教学	课程作业及考试	课程教师	3 年	试卷或课程作业, 成绩单
	企业实习	实习报告	答辩委员会		实习报告专家意见单
	科研项目	导师考核	导师		导师科研评价表
	学位论文	预审、专家评阅、论文答辩	专家		预审评价表、专家评阅意见表、论文答辩表
6. 现代工具应用	课程教学	课程作业及考试	课程教师	3 年	试卷或课程作业, 成绩单
	企业实习	实习报告	企业导师和答辩委员会		实习报告专家意见单
	科研项目	导师考核	导师		导师科研评价表
	论文开题	开题报告及答辩	答辩委员会		开题报告及专家意见单
	专业讲座	讲座报告	评阅教师		签到单及成绩单
	学位论文	预审、专家评阅、论文答辩	专家		预审评价表、专家评阅意见表、论文答辩表
7. 创新	课程教学	课程作业及考试	课程教师	3 年	试卷或课程作业, 成绩单
	科研项目	导师考核	导师		导师科研评价表
	论文开题	开题报告及答辩	答辩委员会		开题报告及专家意见单
	专业讲座	讲座报告	评阅教师		签到单及成绩单
	学位论文	预审、专家评阅、论文答辩	专家		预审评价表、专家评阅意见表、论文答辩表
8. 工程与社会	企业实习	实习报告	企业导师和答辩委员会	3 年	实习报告专家意见单
	科研项目	导师考核	导师		导师科研评价表
	专业讲座	讲座报告	评阅教师		签到单及成绩单
	学位论文	预审、专家评阅、论文答辩	专家		预审评价表、专家评阅意见表、论文答辩表

续表

评价指标	相关教学活动及 学术考核方式		评价人	评价 周期	形成的记录文档
9. 个人与团队	企业实习	实习报告	企业导师和答辩 委员会	3 年	实习报告专家意 见单
	科研项目	导师考核	导师		导师科研评价表
	学位论文	预审、专家评阅、 论文答辩	专家		预审评价表、专家 评阅意见表、论文 答辩表
10. 沟通与交流	课程教学	课程作业及考试	课程教师	3 年	试卷或课程作业， 成绩单
	企业实习	实习报告	企业导师和答辩 委员会		实习报告专家意 见单
	科研项目	导师考核	导师		导师科研评价表
	专业讲座	讲座报告	评阅教师		签到单及成绩单
	学位论文	预审、专家评阅、 论文答辩	专家		预审评价表、专家 评阅意见表、论文 答辩表
11. 项目管理	企业实习	实习报告	企业导师和答辩 委员会	3 年	实习报告专家意 见单
	科研项目	导师考核	导师		导师科研评价表
	论文开题	开题报告及答辩	答辩委员会		开题报告及专家 意见单
	学位论文	预审、专家评阅、 论文答辩	专家		预审评价表、专家 评阅意见表、论文 答辩表
12. 终身学习	企业实习	实习报告	企业导师和答辩 委员会	3 年	实习报告专家意 见单
	科研项目	导师考核	导师		导师科研评价表
	论文开题	开题报告及答辩	答辩委员会		开题报告及专家 意见单
	学位论文	预审、专家评阅、 论文答辩	专家		预审评价表、专家 评阅意见表、论文 答辩表

第三节　交通运输专业学位研究生能力达成认证

一、能力达成认证思路

交通运输专业学位研究生的能力达成,应完全覆盖以下 12 项能力:

(1) 人文素养和职业道德:具有人文社会科学素养,对当今社会问题具有一定认识,有社会责任感,具备工程职业道德,遵守学术规范;

(2) 工程知识:具有工程相关的数学、自然科学与专业知识的学习与综合理解能力及在复杂工程问题中运用的能力;

(3) 工程问题分析:具有综合应用工程原理分析复杂工程问题,理解其局限性的能力,批判性地获得有效结论;

(4) 实验的设计、实施及分析:针对具体工程问题,独立设计和实施工程实验,并科学地分析和处理数据,得出可验证的实验结论;

(5) 工程设计与开发能力:综合运用工程知识和专业理论,针对复杂工程问题独立设计有效的解决方案;

(6) 现代工具应用:能够针对复杂工程问题,开发、选择与使用恰当的技术、资源、现代工程工具和信息技术工具,包括对复杂工程问题的预测与模拟,并能够理解其局限性;

(7) 创新:熟悉本专业前沿、现状和发展趋势,具有提取和评估相关数据并运用工程分析技术求解不熟悉问题的能力,或具有使用基础知识研究新技术的能力;

(8) 工程与社会:了解与本专业相关的职业和行业的生产、设计、研究与开发、环境保护和可持续发展等方面的方针、政策和法律、法规,能正确认识工程对经济、环境、健康、安全、可持续发展、法律以及文化的影响,并理解应承担的责任;

(9) 个人和团队:能够在多学科背景下的团队中承担个体、团队成员以及负责人的角色;

(10) 沟通与交流:能够就复杂工程问题与业界同行及社会公众进行有效沟通和交流,包括撰写报告和设计文稿、陈述发言、清晰表达或回应指令,并具备一定的国际视野,能够在跨文化背景下进行沟通和交流;

(11) 项目管理:理解并掌握工程管理原理与经济决策方法,并能在多学科环境中应用;

(12) 终身学习:具有自主学习和终身学习的意识和技能,具有不断学习和适应发展的能力。

在能力达成认证的证明过程中,应明确列出本专业对于学生毕业的要求,并明确其中各项与上述 12 项基本要求之间的关系,确保上述要求完全被覆盖。

用以下矩阵图的方式说明毕业要求如何支撑培养目标的实现。

	目标 1	目标 2	……
毕业要求 1			
毕业要求 2			
⋮			

在能力达成认证的证明过程中,应描述专业学位研究生毕业要求达成评价的方法和机制。评价应基于相关教学活动对每位学生的考试或考核结果数据。评价方法是指由这些数据综合分析得出某项毕业要求指标点达成与否的规则。如果采用不同的方法对不同项进行评价,应分别描述,并说明每种方法的适用范围。评价机制是指基础数据来源及其合理性评判,按照上述规则进行评价的过程、周期、各环节的责任人等。

以列表方式证明专业所列的各项要求可以证明被达到,并体现出专业学位硕士工程教育毕业要求深度增加或毕业要求类别增加所对应的教学活动。

专业学位毕业要求达成度评价的周期一般为 3 年。

二、能力达成认证示例

以同济大学交通运输专业学位认证试点为例,首先确定各项能力培养方式(或毕业要求)及其所占权重,示例如表 6-8 所示,然后列出培养方案中 1～3 门核心课程分别支撑各项能力培养要求,示例对应表见表 6-9。

表 6-8　各项能力要求培养方式及权重

能 力 培 养	课程	企业实习	科研项目	论文开题	专业讲座	学位论文
1. 人文素养和职业道德	0.2	0.25	0.25			0.30
2. 工程知识	0.8				0.2	
3. 工程问题分析	0.3		0.2	0.2	0.3	
4. 实验的设计、实施及分析	0.25		0.25			0.5
5. 工程设计与开发能力	0.2	0.3	0.25			0.25
6. 现代工具应用	0.1	0.2	0.2	0.1	0.1	0.3
7. 创新	0.1		0.2	0.1	0.1	0.5
8. 工程与社会		0.4	0.3		0.1	0.2
9. 个人与团队		0.4	0.4			0.2

续表

能 力 培 养	课程	企业实习	科研项目	论文开题	专业讲座	学位论文
10. 沟通与交流	0.1	0.3	0.25		0.1	0.25
11. 项目管理		0.2	0.4	0.1		0.3
12. 终身学习		0.25	0.3	0.15		0.3

表 6-9　毕业要求与主要课程支撑对应表

能力培养要求	主要支撑课程
1. 人文素养和职业道德	中国特色社会主义理论与实践研究 研究生学术行为规范
2. 工程知识	应用统计 最优化方法 运筹学（Ⅱ）
3. 工程问题分析	交通运输工程学 沥青与沥青混合料 智能交通运输系统工程
4. 实验的设计、实施及分析	道路安全工程试验与分析技术 铁道工程实验设计方法 交通运输规划与管理的实验和实践
5. 工程设计与开发能力	交通设计理论与方法 综合交通系统规划 交通系统控制方法与实践
6. 现代工具应用	交通数据处理分析技巧与应用 城市与交通数据及信息分析方法 交通地理信息系统
7. 创新	道路工程新进展 交通运输规划与管理前沿 铁道工程新进展
10. 沟通与交流	全日制专业学位硕士英语

注：本表仅举例列出支撑该项能力达成要求的有代表性的1～3门课程，并不表示只有这些课程。

现以"毕业要求6：现代工具应用"来举例说明交通运输专业学位研究生能力培养要求达成评价实施情况。

毕业要求6：现代工具应用：熟练运用计算机等进行文献及数据分析、成果表达；能够选择、运用合适的现代工程工具、信息技术工具和本专业相关软件系统分析解决复杂工程问题；了解工具的基本原理，理解工具应用的适用性和有限性，能够进行专业相关的工具及软件的集成优化和二次开发。

评价周期：3 年。

1. 设置权重值

支撑该项能力培养要求的培养环节包括课程、企业实习、科研项目等 6 项，根据支撑强度分别设置权重值，即达成度评价目标值，权重值之和等于 1，如表 6-10 所示。

表 6-10　达成度评价目标值表

能力培养要求	课程	企业实习	科研项目	论文开题	专业讲座	学位论文	$\sum$ 目标值
6. 现代工具应用	0.1	0.2	0.2	0.1	0.1	0.3	1
该项能力培养要求达成度评价目标值							1

可根据自身实际培养情况确定某项能力的达标值要求，例如现代工具应用这项能力的达标值为 0.6。如果专业学位研究生的课程、企业实习、科研项目、论文开题、专业讲座、学位论文各项达标值总和大于 0.6，则认为现代工具应用这项能力培养达成。

其中课程的达成评价值由 1～3 门主要课程的达成结果进行计算。

2. 确认评价合理性

在开展课程、企业实习、科研项目、论文开题、专业讲座、学位论文的达成度评价前，应对各项教学活动的评价依据合理性进行确认。

3. 课程达成度评价

依据各门课程教师对学生的考核结果，进行课程对该项能力培养要求的达成评价计算。毕业要求 6 对应的支撑课程最主要的三门为"交通数据处理分析技巧与应用""城市与交通数据及信息分析方法""交通地理信息系统"（表 6-11）。

表 6-11　主要课程对能力培养要求 6 的达成度评价表

		课程情况	××级 平均成绩
能力培养要求 6：现代工具应用	主要支撑课程（举例）	交通数据处理分析技巧与应用	83.6
		城市与交通数据及信息分析方法	85.9
		交通地理信息系统	89.6
	主要支撑课程平均成绩		86.4
	课程达成度		0.86
目标值 0.1	课程评价值		0.086

4. 企业实习达成度评价

企业实习评价依据企业指导教师评价和校内答辩两个环节考核，分为通过和不通过。通过取达成度为 0.6（表 6-12）。

表 6-12　企业实习对能力培养要求 6 的达成度评价表

能力培养要求 6：现代工具应用	企业实习情况	××级
		平均成绩
	企业实习达成度	0.6
目标值 0.2	科研项目评价值	0.12

5. 科研项目达成度评价

科研项目评价依据导师对学生科研项目训练的评价表结果进行评价。现代工具应用对应"D. 专业工具应用"一栏的得分（表 6-13）。

表 6-13　科研项目对能力培养要求 6 的达成度评价表

能力培养要求 6：现代工具应用	科研项目情况	××级
	平均成绩	88.9
	科研项目达成度	0.889
目标值 0.2	科研项目评价值	0.178

6. 论文开题达成度评价

论文开题评价依据学生开题答辩的分项考核指标进行达成评价。"能力培养要求 6 现代工具应用"对应开题考核评价表中的"D. 研究方法"一项，按照该项的成绩平均值进行考核（表 6-14）。

表 6-14　论文开题对能力培养要求 6 的达成度评价表

能力培养要求 6：现代工具应用	论文开题情况	××级
		平均成绩
	论文开题-文献综述平均成绩	84.7
	论文开题-文献综述达成度	0.847
目标值 0.1	论文开题-文献综述评价值	0.085

7. 专业讲座达成度评价

专业讲座评价依据学生参加学术论坛的签到情况和提交的专业讲座报告，

考核成绩分为通过和不通过。通过取达成度为 0.6(表 6-15)。

表 6-15　专业讲座对能力培养要求 6 的达成度评价表

能力培养要求 6：现代工具应用	专业讲座情况	××级
		平均成绩
	专业讲座达成度	0.6
目标值 0.1	专业讲座评价值	0.06

8. 学位论文达成度评价

学位论文评价依据学生学位论文答辩情况，分为通过和不通过。通过取达成度为 0.6(表 6-16)。

表 6-16　学位论文对能力培养要求 6 的达成度评价表

能力培养要求 6：现代工具应用	学位论文情况	××级
		平均成绩
	学位论文达成度	0.6
目标值 0.3	学位论文评价值	0.18

9. 能力培养要求 6 达成度评价结果

将上述分项达成评价值汇总，求和即得到能力培养要求 6 的评价结果，××级交通运输专业学位硕士该项能力培养的达成结果为 0.709，大于培养单位(学校、学院或专业)的设定值 0.6，因此认为该项能力培养达成(表 6-17)。

表 6-17　××级学生能力培养要求 6 的达成度评价结果

能力培养要求	课程	企业实习	科研项目	论文开题	专业讲座	学位论文	Σ评价值
6. 现代工具应用	0.086	0.12	0.178	0.085	0.06	0.18	0.709
该项能力培养要求达成度目标值							1

三、交通运输专业学位研究生能力达成认证探索与实践

2014 年 10 月，全国工程专业学位研究生教育重大课题、教育部学位与研究生教育司专业学位研究生培养模式改革项目"我国研究生层次工程教育认证体系的关键问题研究与总体方案设计"，将交通运输工程领域列为专业学位试点领域之一。全国交通运输工程领域工程专业学位研究生教育协作组对专业学位认证工作高度重视，组织同济大学、西南交通大学、东南大学、北京交通大学、武汉理工大学、中国民航大学、上海海事大学、长沙理工大学、长安大学、兰州交通大

学、石家庄铁道学院等 40 多所高校的专家,先后多次就交通运输工程专业学位认证的目的、认证标准与学位标准的关系、专业认证模式、专业认证标准以及专业程序、方法等关键问题组织研讨。

2016 年 1 月,全国交通运输工程领域工程专业学位研究生教育协作组选择同济大学作为交通运输工程专业学位研究生教育认证的试点学校。同济大学对专业学位研究生教育认证试点工作高度重视,在多次征询交通运输工程领域内高校及公路、铁路、航运、城市交通等行业学会/协会专家意见的基础上,形成了交通运输工程领域工程专业学位硕士研究生教育认证的工作管理类、流程类文件。

2016 年 12 月,交通运输工程领域工程专业学位硕士研究生教育认证分委员会对同济大学提交的《交通运输工程专业学位硕士研究生教育认证自评报告》进行了审阅;2017 年 1 月,认证专家组开展进校现场考查工作,完成了认证试点。2017 年 3 月,全国工程专业学位研究生教育指导委员会公布,同济大学交通运输工程专业硕士研究生教育认证结论:通过认证,有效期 6 年。

本次试点探索了认证工作的组织体系、认证机制、认证目标、认证标准和认证程序,也对试点单位的交通运输工程领域专业学位硕士研究生工程教育培养质量进行了全面检验,对培养过程中的薄弱环节提出了持续改进的意见与建议。试点工作达到了预定目标,对后续交通运输专业学位认证工作的推广有着重要的借鉴作用。

第七章 交通运输专业学位研究生
实践质量保障与提升

专业实践是实践教学的重要组成部分,是提升职业能力为导向的专业学位研究生培养模式的基本要求,对于保证专业学位研究生的培养质量具有重要作用。随着交通运输专业学位研究生培养规模的不断扩大,如何保障与提升专业学位研究生的实践质量越来越受到各培养单位的关注。

第一节 交通运输专业学位研究生
实践质量保障体系框架

一、专业学位研究生实践能力训练的意义

交通运输专业学位研究生教育,旨在培养一批具备坚实的理论基础、宽广的专门知识、良好的职业素养、较强解决工程实际问题的能力,能够独立承担专业技术或管理工作的高层次应用型人才,强调工程性、实践性和应用性,是为了将研究生教育从培养学术型人才为主向培养应用型人才为主转变而采取的重大举措。

1. 专业学位研究生培养的需要

专业学位研究生采用课程学习、专业实践和学位论文相结合的培养方式,课程学习、专业实践和学位论文同等重要,这是不同于学术型研究生的培养模式。创新研究生培养模式,挖掘其内在潜能,鼓励在实践训练中取得突破,是专业学位研究生类型培养中的重要课题,也是工程类硕士专业学位研究生今后职业发展潜力的重要支撑。

专业实践是研究生基本知识、基本能力获取不可缺少的重要环节,是交通运输专业学位研究生获得实践经验,提高工程应用能力、解决工程问题能力的重要手段。通过专业实践能达到基本熟悉交通运输相关行业工作流程和相关职业及技术规范、培养综合实践能力和沟通协作能力的目的。强化专业学位研究生在实践能力方面的训练,培养解决实际工程问题的应用能力,是专业学位研究生培养的核心任务,工程实践是专业学位研究生不可替代的重要实践教学环节,也是直接关系到交通运输专业学位研究生培养质量的核心要素之一。

我国传统的研究生培养各环节基本上在高校内完成,通过系统的专业课程教学、理论或技术问题研究以及学位论文撰写,在理论与方法方面的能力培养较强。同时,由于学校的实践环境、实践条件以及经费保障等方面与企业环境相比有较大的差距,因此相对而言在实践能力与应用能力等方面的训练环节较少,相对于理论知识的传授而言是弱项。专业学位研究生只有在真实的工程环境中,一方面巩固所学的理论知识,另一方面通过企业导师(工程师)的指导,真正接触到交通运输的工程(生产)实际,体会实际工程技术研究、项目实施的工作场景和职业素质要求,了解企业的运作形式和管理方式,培养团队合作意识、职业道德和沟通技能,才能养成自己良好的工程职业素养,增强工程实践能力,逐步成为合格的高层次应用型工程技术和工程管理人才。《关于制订工程类硕士专业学位研究生培养方案的指导意见》(国务院学位办,2018.05)中提出,具有2年及以上企业(行业)工作经历的硕士研究生专业实践时间应不少于6个月,不具有2年企业(行业)工作经历的硕士研究生专业实践时间应不少于1年。非全日制硕士专业学位研究生专业实践可结合自身工作岗位任务开展。专业实践的成果应能直接服务于实践单位或实际工程的技术开发、技术改造、生产提高、相关规章制度建设等方面。

因此,为了满足全日制专业硕士研究生培养的迫切需要,研究生培养单位与本行业企业、研究机构建设联合培养基地是非常必要和重要的。

2. 加快深化产教融合的需要

2015年,国务院印发《统筹推进世界一流大学和一流学科建设总体方案》中,强调"深化产教融合,将一流大学和一流学科建设与推动经济社会发展紧密结合,着力提高高校对产业转型升级的贡献率",对高等教育和"双一流"建设提出深化产教融合明确要求。2016年,党中央印发《关于深化人才发展体制机制改革的意见》,进一步明确要求"建立产教融合、校企合作的技术技能人才培养模式"。2017年12月,国务院办公厅发布了《关于深化产教融合的若干意见》(国办发〔2017〕95号),意见指出,进入新世纪以来,我国教育事业蓬勃发展,为社会主义现代化建设培养输送了大批高素质人才,为加快发展壮大现代产业体系作出了重大贡献。但同时,受体制、机制等多种因素影响,人才培养供给侧和产业需求侧在结构、质量、水平上还不能完全适应,"两张皮"问题仍然存在。深化产教融合,促进教育链、人才链与产业链、创新链有机衔接,是当前推进人力资源供给侧结构性改革的迫切要求,对新形势下全面提高教育质量、扩大就业创业、推进经济转型升级、培育经济发展新动能具有重要意义。产教融合已成为近年来促进高等教育发展,加强创新型人才和技术技能人才培养的一项重要方针,是统筹推进教育综合改革的一项重要制度安排。

　　党的十八大以来,我国经济发展进入新常态,工业化、信息化深度融合带来新业态、新技术、新模式等新经济蓬勃发展。新兴产业发展对人才的创新性、实践性需求日渐渗透融入到人才培养各个环节,迫切要求学校开门办学,创新教育培养模式、组织形态和服务供给,将教育内容向社会延伸,加快校企协同育人。深化产教融合,就是要更好发挥教育对产业转型升级的支撑引领作用,进一步推动教育与经济社会协调发展,通过人才创新创业加快新旧动能转换。

　　产教融合培养模式下,需要支持引导企业深度参与高等学校教育教学改革,多种方式参与学校专业建设、教材开发、教学设计、课程设置、实习实训,促进企业需求融入人才培养环节,推行面向企业真实生产环境的任务式培养模式;大力健全学生到企业实习实训制度,吸引优势企业与学校共建共享生产性实训基地;加快以企业为主体推进协同创新和成果转化,支持企业、学校、科研院所围绕产业关键技术、核心工艺和共性问题开展协同创新,引导高校将企业生产一线实际需求作为工程技术研究选题的重要来源。

　　在以往专业学位研究生的实践能力培养过程中,企业参与度、积极性不高、发挥作用较弱,专业学位研究生联合培养质量得不到保障等问题日益凸显。产教融合培养模式能大力促进交通运输专业学位研究生的培养,构建专业学位研究生校企联合培养长效机制,更好地解决交通运输行业产业快速发展与应用型、复合型高层次工程技术与工程管理人才培养失衡以及人才培养质量问题。

二、影响专业学位研究生实践质量的主要因素

　　交通运输专业学位研究生的实践质量受到多方面的影响,如图 7-1 所示。

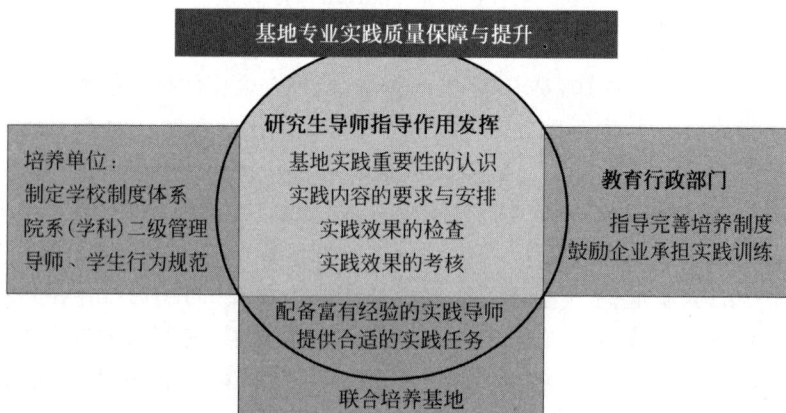

图 7-1　影响专业学位研究生实践质量的主要因素

在研究生培养过程中,导师是第一责任人,在专业硕士研究生的培养过程中发挥着至关重要的作用。导师对研究生参加基地专业实践的认识、实践内容与要求的安排、实践过程的检查与监督、实践效果的考核与验收,都对专业实践质量有着重要的影响。

企业(实践基地)应为研究生提供具体的实践场景与工作条件。由于基地通常不是培养人才的专门机构,其高级工程技术人员在人才培养方面的经验不足。因此基地是否能提供合适的实践任务,配备熟悉人才培养要求、富有培养经验的实践导师,满足国家交通运输发展对专业学位研究生培养的需要,对研究生在基地的专业实践质量有重要影响。

教育行政部门对研究生的培养起到内部质量保证和外部质量监督的作用。内部质量保证体系由学位授予单位构建,重点是完善学位授予单位的各项规范制度,提高制度实施的有效性和增强质量自律的主动性;外部质量监督体系由教育行政部门、学术组织、行业部门和社会机构共同构建,通过提供政策引导、资源配置、质量评估、社会监督等手段,促进质量保证水平不断提高。因此,教育行政部门一方面应对学位授予单位强调专业学位研究生基地实践质量的要求,促进实践创新能力提升的指导;另一方面应积极会同其他管理部门,出台鼓励企业积极承担专业学位研究生实践能力训练的政策措施。

在研究生培养过程中,培养单位(学校或学院、学科)在培养计划制定、培养模式改革、培养效果考核、教学成果奖励等方面发挥着引导作用。因此,高校应建立完善积极引导专业学位研究生实践质量提升的制度体系,学院(或学科)应根据自身的专业特点、相应制定出具体细化的二级管理办法,规范研究生及其导师的实践行为、提升基地专业实践质量。

三、交通运输专业学位研究生实践质量保障体系框架

由于研究生导师、提供实践环境的基地(企业)、教育行政部门以及培养单位(学校以及学院、学科)都对基地专业实践的质量有着影响,因此为了保证、提升专业研究生的实践质量,应构建政(教育行政部门)—产(企业)—学(培养单位)—研(研究生导师)一体化的实践质量保障体系。

图 7-2 是研究提出的实践质量保障体系结构图,其中教育行政部门政策制订为导向、培养单位(高校)培养机制与标准为目标、学院(学科)二级管理和研究生导师管理为手段、基地建设与实践过程管理为核心。

四、交通运输专业学位研究生实践质量保障对策与措施

在交通运输专业学位研究生实践质量保障体系中,各方面要素均发挥着不同的作用。

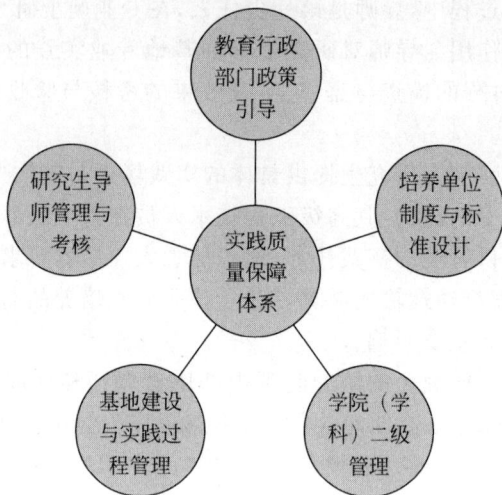

图 7-2　实践质量保障体系结构图

1. 强化教育行政部门的政策引导

　　教育行政部门在专业学位研究生实践质量保障体系中,主要发挥两方面的作用。一方面是指导学位授予单位制订、完善各项规范制度,不断强调专业硕士研究生基地实践质量的要求,开展实践创新能力提升的指导,这方面教育行政部门始终是长期关注、不断提升的;另一方面,面对专业学位研究生培养的新形势、新要求,教育行政部门应会同相关管理部门,出台鼓励企业积极承担专业学位研究生实践能力训练的有效政策措施。

　　一般情况下,人才培养不是企业(或行业研究机构)的首要任务,因此为了保障专业学位研究生的实践质量,教育行政部门的首要任务是着力提升企业(或行业研究机构)参与研究生实践教育的积极性。

　　(1) 积极鼓励在企业(行业研究机构)设立研究生工作站。将研究生工作站作为加快区域创新体系建设、实施创新驱动战略的重要举措,作为提升企业自主创新能力的重要载体,同时也是承担研究生培养单位主动服务地方经济社会发展的重要渠道,是培养高层次创新人才、提高研究生培养质量的重要途径。

　　(2) 提升企业(行业研究机构)对参与研究生实践培养的积极性。建议将研究生工作站作为省级"人才工作站点"类企业研发机构,与省级企业重点实验室、企业工程技术研究中心、工程实验室、企业技术中心等"平台"类企业研发机构具有同等重要的地位,予以同等对待。

　　(3) 对已经设立的企业研究生工作站加大动态管理力度。可组织或委托第三方机构不定期抽查,奖优汰劣,对研究生工作站进行定期审核评估,对不合格者予以撤牌。

(4)实施"以奖代拨"制度。定期组织评选优秀研究生工作站,并给予奖励经费用于进站师生的科研补贴、人才培养模式改革创新以及工作站的制度与文化建设。

2. 完善培养单位制度与标准设计

保障并不断提升专业学位研究生的实践培养质量,需要培养单位高度重视、周密规划、精心组织和加大投入。培养单位应加强对实践教学的统筹规划,差别化地制订学术型、专业型硕士研究生的培养计划;差别化地明确不同类型硕士研究生的学位授予标准;实质性地推动实践基地建设;强化教师在实践教学中的主导作用。

(1)组织修订与学术型研究生有明显区别的专业学位研究生培养计划。应加强与联合培养单位(研究生企业工作站、校企联合研究中心、校外实践教学基地等)的合作,提出共同制订培养目标、共同制订培养计划、共同设计课程体系、共同开发优质资源、共同组织教学团队、共同建设实践基地的"六同"要求,将实践创新能力的培养作为专业学位研究生的核心。

(2)制订有别于学术型硕士的专业学位授予标准。强调专业学位论文明确实践意义和应用价值的要求,明确论文形式与内容要求(规划设计、产品开发、案例研究、项目管理等多种形式,论文的研究内容应有工程实用价值或应用前景),配合培养计划的实施,提升实践成果的效力。

(3)加大对所设立研究生工作站的动态管理力度,实施不定期抽查,奖优汰劣,对研究生进站情况进行定期审核评估,对不合格者应主动予以撤牌。

(4)提出专业学位研究生的招生条件,将导师的学术研究经历、工程实践经历、承担科研任务、学生培养质量等因素与招生条件相联系,提出专业学位研究生招生的导师条件,保证学生的实习质量。

(5)提出优秀专业学位研究生学位论文的评定办法。根据专业学位研究生的培养定位,提出优秀专业学位研究生学位论文的评定办法,对优秀的实践成果进行奖励。

3. 积极推进学院系(学科)二级管理

学院系(学科)在研究生的培养过程中负有直接的责任,也是研究生培养过程中的直接管理单位。应在学校制订培养计划的指导下,积极实施二级管理制度,保障专业硕士研究生的基地实践培养质量。

（1）根据专业学位研究生培养工作的需要和学科发展特点，制订相应的二级管理制度体系。如制订院系（学科）层级的研究生招生细则，分类甄别、选拔专业学位研究生；研究生奖学金评定细则，提出综合课程学习和实践训练等多个培养环节、有利于鼓励提升实践培养效果的分类化奖学金评定方法；研究生成果奖励细则，在鼓励高水平论文等研究成果的同时，对优秀的专业学位研究生实践成果进行奖励。

（2）加强培养过程的管理，组织集中实践、集中开题、集中答辩等环节。专业学位研究生进入实践阶段后，往往实践场所比较分散、实践时间不集中、实践内容有差异，因此院系（学科）对培养过程的管理十分关键。采用集中组织实践、开题、答辩等环节，有利于保证实践培养环节的规范性，通过对开题、答辩等关键培养环节的监督与掌控，保证专业学位研究生的培养质量。

（3）明确专业学位研究生的招生条件。应根据学科发展的基础和特点，制订相应的专业硕士招生条件，鼓励专业硕士研究生向"三高"导师（高水平师资、高层次工程技术研究项目负责人、高质量专业研究生导师）适当倾斜。

（4）与实践基地建立日常的联系机制和回访制度。应密切掌握学生在企业的实习状态与动态，了解实践环节的工作安排；组织加强校内、校外导师之间的沟通与联系，发挥各自的优势，提高实践教学指导的效果；强化对实践基地导师的培训，提高校外导师的人才培养能力与水平；主动对基地的实践效果进行跟踪评估等。

4. 研究生专业实践基地的遴选与建设

研究生专业实践基地是由企业（行业研究机构）申请设立、出资建设并引入高校研究生导师指导下的研究生团队开展技术研发的机构，是具备一定规模的企业（行业研究机构）与高校产学研合作的重要平台，是高校研究生培养的重要创新实践基地，对基地专业实践质量有着直接、重要的影响。

研究生专业实践基地不能贪大求全，不能四面撒网，往往成长型的高科技中小型企业更适合开展校企联合培养研究生。应围绕专业硕士研究生的培养方向，重点从以下 5 个方面出发，遴选建设优质研究生专业实践基地。

（1）共建基地的单位性质。大学在研究生教育方面，都强调较高的学术标准，在学术惯性下，研究生教育往往较少或很难关注到非传统学术领域的职业能力和职业标准。与高校联合建设的专业实践基地应能提供相应行业领域系统、全面、丰富的工程项目，为研究生的专业实践提供合适的土壤，与高校校内培养环境形成互补的优势。

（2）共建基地的企业规模。合作共建的实践基地规模不宜过大，也不宜过小。基地的规模过大,往往自身的技术队伍规模大,解决技术问题的能力强,对研究生参与解决技术问题的需求相应减弱;基地的规模较小,能提供训练的工程案例则不够全面。基地的规模应以能提供工程训练的全过程为宜。

（3）共建基地的培养平台。应重点选择设有国家工程技术研究中心、省部级重点实验室或工程研究中心的基地开展建设,这些基地实验条件好,能提供优秀的研究生实践平台。

（4）共建基地的指导队伍。基地要拥有一支稳定的科研和技术研发团队,要有一定数量熟悉研究生培养要求与规律、富有责任心、长期从事具体工程实践任务的高级技术人才,担任高校的校外兼职导师,满足学生实践过程中的指导要求。

（5）基地与高校合作前景。通过承担研究生的专业实践,基地的自主创新能力得到提升,培养单位的人才培养质量得到提高,从根本上讲是双赢。基地如能通过人才培养的合作,从而与高校形成长期紧密的战略合作关系,将对企业技术水平和高校科研水平的提升产生长期的积极促进作用,因此研究生实践基地能否与高校形成长期紧密的合作关系,也应成为优质研究生专业实践基地遴选建设的依据。

第二节　交通运输专业学位研究生实践质量管理

一、基于协同的专业学位研究生培养方案制修订

专业学位研究生培养方案是决定实践环节质量的基石。专业学位研究生的培养,根据其特性,一般可分为课程学习、实习实践、学位论文三个主要阶段。传统培养方案中,三个阶段的联系相对松散,特别是实习实践环节与学位论文的关联性较差,而课程学习阶段对即将进入的实习实践环节的准备不足,这些是导致实践环节质量低的根本原因之一。

课程学习是交通运输专业学位研究生掌握基础理论和专业知识,构建知识结构的主要途径。课程学习须按照培养计划严格执行,其中公共课程、专业课程主要在培养单位集中学习,校企联合课程、案例课程以及职业素养课程可在培养单位或企业开展。专业实践是交通运输专业学位研究生获得实践经验,提高实践能力的重要环节,专业实践可采用集中实践和分段实践相结合的方式。学位论文研究工作是交通运输专业学位研究生综合运用所学基础理论和专业知识,在一定实践经验基础上,掌握对工程实际问题研究能力的重要手段,选题应来源于工程实际或者具有明确的工程应用背景,学位论文内容可以是技术攻关、技术

改造所对应的工程设计、应用研究、工程软科学研究,也可以是新工艺、新设备、新材料、新产品的研制与开发等。

　　针对专业学位研究生实践能力培养的需要,培养单位应成立校企联合委员会,并坚持在校企联合委员会的指导下开展培养方案的制修订工作,以充分吸收来自企业导师的意见、强化专业学位研究生课程的实践性。图 7-3 所示是某高校交通运输专业学位研究生的培养方案,其特点在于,将传统培养方案中相对独立的实习实践环节与学位论文环节进行整合,形成实践与学位论文环节,强调实践岗位与研究生论文选题的一致性,同时在课程学习阶段增设实践类课程(企业课程和项目课程),为研究生提前了解行业特点和实习实践做准备,并对各阶段校内导师(任课教师)与企业导师的职能进行明确区分。

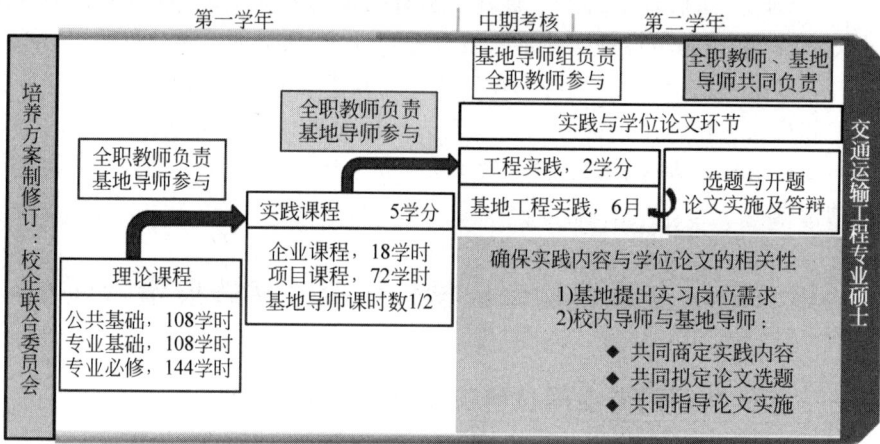

图 7-3　某高校交通运输专业学位研究生培养方案

二、基于学科对接的实践基地遴选与功能定位

　　发挥企业(行业研究机构)在人才培养中的重要作用,推动产教融合、产学结合、协同育人,是提高校企联合培养质量的基础。传统研究生实习实践基地特别是校外实习基地多以二级学科为基础进行建设或遴选,这在研究生实践能力培养中发挥了积极作用。专业学位对应调整后,在客观上对研究生实习实践基地提出了更高的要求。

　　为实现学院(系)层面专业学位研究生培养质量的一致性,在研究生实践基地的遴选方面,具体承担研究生培养任务的学院(系),应坚持以与交通运输工程学科甚至学院层面的优势互补、全面对接为原则选择优质合作单位,确保优质实践平台的建设,同时注重高层次的校内实习实践平台建设。

为实现联合培养基地的可持续发展,在不断地探索与实践过程中逐渐形成"教产学研、全面协同、开放共享、互利共赢"的建设理念与"立足工程、服务行业、校企联动、优势互补"的建设原则,坚持以"提升工程技术应用创新能力"作为联合基地的目标和基本任务。

三、校外实践基地组织机构和管理运行制度

建立合理的组织机构、明确职能分工并制订管理制度,对于实践基地特别是联合培养基地稳定有序运行具有至关重要的意义,而基地的稳定有序运行亦将为研究生高质量的持续实践提供保障。

以某高校与行业龙头企业联合建设的全国示范性工程专业学位研究生联合培养基地为例,该校交通学院在分析合作企业组织架构的基础上,设计成立了如图 7-4 所示的联合培养基地组织架构,以双方的分管副院长组成基地联合领导小组,由学院的学位分委员会成员与合作企业的总工和副总工组成联合委员会,校内主要导师与合作企业的业务处室负责人组成联合导师组,以确保实践各主要环节的责任主体;同时对联合领导小组、联合委员会及联合导师组的职能分工、校企对口工作部门的工作程序,以及实践环节校企双方为研究生提供的科研与生活保障条件等进行明确规定。

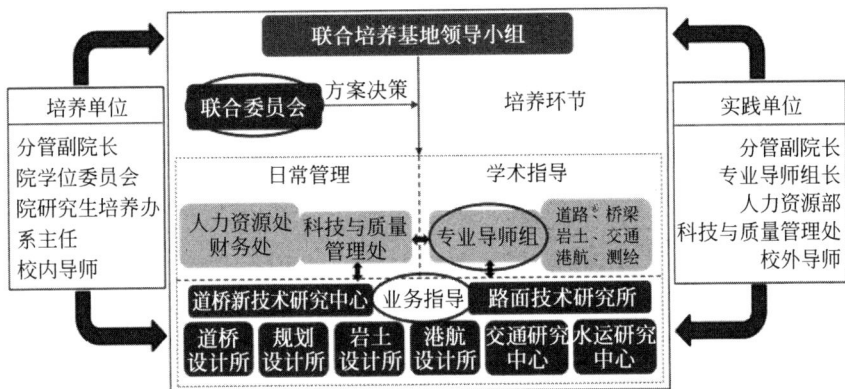

图 7-4　某高校联合培养实践基地的组织架构与职能分工

为规范基地的管理和校企联合培养人才的日常管理工作,针对高校的制度文件,合作企业制定了《研究生培养基地管理办法(试行)》《研究生培养基地管理工作细则》等一系列管理制度,从组织机构、经费使用与管理、基地管理职能与职责、基地(校外)导师职责、基地研究生所在部门职责、研究生行为准则等各个方面,进行详细规定;对研究生的招录、考核以及日常管理等方面,要做翔实规定。

　　基地同时实行月度检查制度,管理人员每月定期到联合培养对象所工作的部门了解情况,及时协调解决企业导师、相关高校及培养对象之间可能发生的各种问题,关心培养对象在基地的实习、工作、生活情况等。

四、高层次双师队伍建设与互动交流机制

　　导师指导是保证交通运输专业学位硕士研究生培养质量的重要保障。交通运输专业学位研究生培养单位应建立以工程能力培养为导向的导师组指导制,加强对专业学位研究生培养全过程的指导。导师组应有来自培养单位具有较高水平和丰富指导经验的教师,以及来自企业具有丰富工程实践经验的专家。培养单位应高度重视高层次的双师队伍建设,出台校外导师选拔制度与企业导师的遴选机制。具体承担专业学位研究生培养任务的院系应不断探索实践,逐渐形成具有交通运输培养特色的"双师化"队伍建设与良性互动交流机制。

　　"双师"化队伍建设与良性互动交流机制中,首先由合作企业推荐工程经验丰富、具有较高学术造诣,且热心高层次人才培养工作的技术人员,经交通运输专业学位研究生培养单位审核后聘为研究生校外导师;在此基础上,基地成立由校外导师与校内导师组成的联合委员会与专业导师组。联合委员会全面参与交通运输专业学位研究生的培养计划制修订,以企业用人标准来丰富和完善人才培养方案;专业导师组参与学位课程特别是实践课程和教材的共建、基地实习计划与学位论文选题指导等工作;以课程和项目为纽带,实行"企业导师进校园、校内导师进企业"的双向流动与协作机制,企业导师应全面参与交通运输专业学位研究生的实践课程与项目课程教学,每年宜定期派出一定数量的校内导师赴合作企业讲述理论知识与前沿学术问题,为合作企业提供技术咨询和技术指导,开展技术人员培训等工作。学校利用自身的学科优势,每年宜定期邀请交通运输行业的国际知名专家学者到企业进行学术交流,以帮助合作企业发展;为使企业导师更好地适应实践课程的课堂教学需要,学院定期组织举办联合培养教学研讨会。高层次的双师队伍建设与良性互动交流机制的建立为校企全面协同、校企生多方共赢的实现提供了保障。

五、基于全过程控制的微观管理

　　交通运输专业学位研究生的培养规模总体逐步增加,每位学生均需要按规定进入企业研究生工作站或联合培养基地进行实习实践。为充分保障实践过程的顺利进行和实践质量,可划分为实践前准备、实习岗位确定与学生遴选、实习实践三个阶段进行微观管理。在研究生进入基地培养前的第一学年,以实际工程与案例为导向,以综合素养和应用知识与能力的提高为核心,专门开设企业课

程与项目课程,突出案例分析和实践研究,课程由校内导师与企业导师联合讲授,在教学过程中运用团队学习、案例分析、现场研究、模拟训练等方法。在实习岗位确定与学生遴选阶段,一般由学院(系)收集汇总审核并发布研究生工作站的岗位需求与数量等信息,然后根据学生志愿和导师意见确定学生的实习岗位;对于拟进入联合培养基地的学生,实行滚动筛选制度。

对于实践和学位论文阶段的管理,根据实践环节的特点将实践环节划分为日常管理、业务指导、学术指导三大部分,结合定期会商制度实现动态精细化管理。在实践工作期间,接受了基本学习与训练后,完全参与项目的工程勘察设计与科研活动,技术上由基地导师以及生产方面具有经验的总工、副总工、主任工程师等把关,通过实践活动的体会,在基地导师与校内导师的共同指导下,凝练出相应的研究课题,并进行设计或技术研发,撰写出高质量的工程硕士论文。在基地的日常培养工作中,基地导师除了有针对性地及时指导培养对象进行工程实践及完成论文报告等之外,还在生产部门为他们安排好经验丰富的科技人员来当师傅,带领培养对象参与到具体项目中,尽快适应工程实践的要求。平时的工作中,他们经常在一起讨论和解决问题,使培养对象能尽快掌握工作思路和方法。

根据"交通运输专业学位获得者应掌握所从事行业领域坚实的基础理论和宽广的专业知识,掌握一门外国语,熟悉行业领域相关标准、规范,在行业领域的某一方向具有独立担负工程规划、工程设计、工程实施、工程研究、工程开发、工程管理等专门技术工作的能力,具有良好的职业素养"这一培养目标,仅靠传统的课程教学和单一的科研训练是不够的,实践能力训练在专业学位研究生的培养体系中具有重要的地位和作用。

交通运输专业学位研究生培养单位,应在研究生培养方案的制定、日常教学、实习实践、学位论文等环节开展校、企全面对接与教产学研用的深度融合,以实现高水平实践的可持续发展;通过高水平的基地建设,合理的职能分工,制度保障及校、企定期会商机制等实现规范管理与实践环节的全链条精细化管理与把控。校、企双方实现"教产学研"的密切合作,一方面所培养研究生受到用人单位的普遍认可,企业导师团队与高校导师团队之间的学术交流和科研合作更为充分;另一方面也使得相关科研成果的转化与应用周期大为缩短。在此过程中,企业的技术团队与基地的研究生团队密切合作,不断开发新技术、推广新工艺、推出新产品,集成创新与消化吸收再创新能力得到显著提升,科技管理和研发水平亦得到较好的提升,生产力与行业影响力亦得到进一步的增加,为推动交通运输行业的快速健康发展注入新活力。

参 考 文 献

[1] 邓学钧,刘建新.交通运输工程学导论[M].北京:清华大学出版社,2009.
[2] 过秀成.交通运输工程学[M].北京:人民交通出版社,2017.
[3] 于英.交通运输工程学[M].2版.北京:北京大学出版社,2017.
[4] 胡思继.交通运输学[M].2版.北京:人民交通出版社,2017.
[5] 陈大伟,李旭宏.运输工程[M].2版.北京:人民交通出版社,2014.
[6] 顾保南,赵鸿铎.交通运输工程导论[M].3版.北京:人民交通出版社,2014.
[7] 蒋红斐.交通运输工程概论[M].长沙:中南大学出版社,2016.
[8] 黄晓明,陈峻.交通运输导论[M].北京:人民交通出版社,2014.
[9] 刘南.交通运输学[M].杭州:浙江大学出版社,2009.
[10] 万明.交通运输概论[M].北京:人民交通出版社,2015.
[11] 陈维亚,吴庆杰.现代交通运输概论[M].2版.北京:中国铁道出版社,2012.
[12] 吴晓.交通运输设备[M].北京:人民交通出版社,2015.
[13] 殷勇,鲁工圆.交通运输设备[M].成都:西南交通大学出版社,2014.
[14] 吴兆麟.综合交通运输规划[M].北京:清华大学出版社,2009.
[15] 彭辉,朱力争.综合交通运输系统及规划[M].成都:西南交通大学出版社,2006.
[16] 顾正洪.交通运输安全[M].2版.南京:东南大学出版社,2016.
[17] 刘清,徐开金.交通运输安全[M].武汉:武汉理工大学出版社,2009.
[18] 卢改红,张鑫,邓春姝.运输管理[M].南京:南京大学出版社,2017.
[19] 傅莉萍.运输管理[M].北京:清华大学出版社,2015.
[20] 董白波.运输管理学[M].上海:上海大学出版社,2009.
[21] 帅斌,霍娅敏.交通运输经济[M].成都:西南交通大学出版社,2007.
[22] 郭忠印.交通运输设施与管理[M].2版.北京:人民交通出版社,2011.
[23] 王玮,过秀成.交通工程学[M].2版.南京:东南大学出版社,2011.
[24] 徐吉谦,陈学武.交通工程总论[M].4版.北京:人民交通出版社,2015.
[25] 任福田,刘小明,孙立山.交通工程学[M].3版.北京:人民交通出版社,2017.
[26] ROESS R P,PRASSAS E S,MCSHANE W R. Traffic Engineering[M]. 4th ed.
     Upper Saddle River:Pearson Education,Inc.,2011.
[27] NICHOLAS GARBER,LESTER HOEL. Traffic and Highway Engineering[M]. 5th
     ed. New York:Cengage Learning,2015.
[28] 吴娇蓉.交通工程[M].北京:人民交通出版社,2018.
[29] 戴冀峰,马健霄,张瑾帆.交通工程概论[M].北京:人民交通出版社,2015.
[30] 胥耀方,杨亚璪,陈坚.现代综合运输系统[M].北京:人民交通出版社,2016.
[31] 刘志萍.运输港站与枢纽[M].成都:西南交通大学出版社,2018.
[32] 朱晓宁.集装箱运输与多式联运[M].3版.北京:中国铁道出版社,2016.
[33] 孙家庆,张赫,宫晓婕.集装箱多式联运[M].3版.北京:中国人民大学出版社,2016.
[34] 何世伟.综合交通枢纽规划理论与方法[M].北京:人民交通出版社,2012.

[35] 徐瑞华,滕靖. 交通运输组织基础[M]. 北京:清华大学出版社,2008.
[36] 过秀成. 城市客运枢纽规划与设计[M]. 北京:人民交通出版社,2018.
[37] 吴兵,李晔. 交通管理与控制[M].5版. 北京:人民交通出版社,2015.
[38] 张清川,李培锁,高莉莉. 铁道概论[M]. 上海:上海交通大学出版社,2017.
[39] 曲思源. 城际铁路运营组织与管理[M]. 北京:中国铁道出版社,2017.
[40] 张宁. 铁路信息技术标准化及应用[M]. 北京:中国铁道出版社,2017.
[41] 陈光伟. 铁路信息系统应用技术[M]. 北京:中国铁道出版社,2017.
[42] 塞托拉. 铁路基础设施安全[M]. 北京:中国人民公安大学出版社,2017.
[43] 秦四平. 铁路运输经济学[M].2版. 北京:北京交通大学出版社,2018.
[44] 何锋,赵晓硕. 航空运输导论[M]. 北京:国防工业出版社,2017.
[45] 陈阳,郭璟坤,常秀娟. 通用航空产业规划与实施[M]. 北京:航空工业出版社,2017.
[46] 胡象明,付明耀. 航空救援与应急管理[M]. 北京:北京师范大学出版社,2014.
[47] 刘蔚. 船舶与海洋工程概论[M]. 北京:清华大学出版社,2019.
[48] 嘉红霞,刘海威,杨阳. 港口智能控制[M]. 上海:上海科学技术出版社,2017.
[49] 王晓. 港口工程与规划[M]. 上海:上海交通大学出版社,2015.
[50] 唐琦,余维田,周晓晔. 港口物流规划设计与优化调度[M]. 北京:中国经济出版社,2015.
[51] 林焰. 船舶设计原理[M]. 北京:科学出版社,2019.
[52] 张炼,冯洪臣. 管道工程保护技术[M]. 北京:化学工业出版社,2014.
[53] 黄春芳,任东江,陈晓红. 天然气管道输送技术[M].2版. 北京:中国石化出版社,2017.
[54] 花景新. 燃气管道供应[M]. 北京:化学工业出版社,2007.
[55] 吴霞,刘翠翠. 物流技术与装备[M]. 北京:机械工业出版社,2019.
[56] 王强,孙术发. 物流机械设备[M]. 武汉:华中科技大学出版社,2019.
[57] 胡建波. 物流概论[M].2版. 成都:西南财经大学出版社,2019.
[58] 张丽,郝勇. 物流系统规划与设计[M].3版. 北京:清华大学出版社,2019.
[59] 陈刚,殷国栋,王良模. 自动驾驶概论[M]. 北京:机械工业出版社,2019.
[60] 孟添. 智能交通系统理论体系与应用[M]. 上海:上海大学出版社,2018.
[61] 王晓原,孙锋,郭永青. 智能交通系统[M]. 成都:西南交通大学出版社,2018.
[62] 曲大义,陈秀锋,魏金丽. 智能交通系统及其技术应用[M].2版. 北京:机械工业出版社,2017.
[63] 赵光辉,朱谷生. 互联网+交通:智能交通新革命时代来临[M]. 北京:人民邮电出版社,2016.
[64] 郭戈,岳伟. 智能交通系统中的车辆协作控制[M]. 北京:机械工业出版社,2016.
[65] 沈国江,张伟. 城市道路智能交通控制技术[M]. 北京:科学出版社,2015.